Manfred E. Theilacker
Der Kochemer Loschen – Die Sprache der Klugen
Zur Sozialgeschichte einer Sondersprache des Wanderhandels, der Hausierer,
Bettler und Viehhändler in Württemberg
Aufgezeigt am Beispiel einer Fallstudie im Schwäbisch-Fränkischen Wald
(Spiegelberg)

Stuttgarter historische Studien
zur Landes- und Wirtschaftsgeschichte

Eine Reihe des Historischen Instituts der Universität Stuttgart
und der Stiftung Wirtschaftsarchiv Baden-Württemberg

Herausgegeben von
Franz Quarthal und Gert Kollmer-von Oheimb-Loup

Band 27

דער חכמער לשון

Der Kochemer Loschen
Die Sprache der Klugen

Zur Sozialgeschichte einer Sondersprache des Wanderhandels,
der Hausierer, Bettler und Viehhändler in Württemberg

Aufgezeigt am Beispiel einer Fallstudie
im Schwäbisch-Fränkischen Wald (Spiegelberg)

Manfred E. Theilacker

Jan Thorbecke Verlag

Gedruckt mit Unterstützung der Rems-Murr-Stiftung

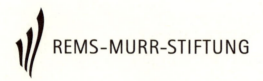

Für die Schwabenverlag AG ist Nachhaltigkeit ein wichtiger Maßstab ihres Handelns. Wir achten daher auf den Einsatz umweltschonender Ressourcen und Materialien.

Bibliografische Information der Deutschen Nationalbibliothek
Die Deutsche Nationalbibliothek verzeichnet diese Publikation in der Deutschen Nationalbibliografie; detaillierte bibliografische Daten sind im Internet über http://dnb.d-nb.de abrufbar.

Alle Rechte vorbehalten
© 2017 Jan Thorbecke Verlag der Schwabenverlag AG, Ostfildern
www.thorbecke.de

Umschlaggestaltung: Finken & Bumiller, Stuttgart
Umschlagabbildungen: *Vorderseite aus:* Anonymus (ca. 1870): Mathematische Viehwaage für jeden Viehhalter (wie Anm. 86 auf S. 79), *Rückseite:* Der Kochemer Loschen (wie Anm. 21 auf S. 24)
Satz und Layout: Manfred E. Theilacker
Druck: Memminger MedienCentrum, Memmingen
Hergestellt in Deutschland
ISBN 978-3-7995-5578-4

Vorwort

Die sogenannten Händlersprachen, die linguistisch unter dem Begriff Sondersprachen gefasst werden, sind inzwischen keine lebendige Sprachen mehr, ihre eigentlichen Sprecher, die Hausierer, leben nicht mehr. Ausnahmen sind lediglich noch im Schaustellergewerbe zu beobachten, wo sich Reste dieser auch als Geheimsprachen bezeichneten Soziolekte erhalten haben.

Der Unterzeichnete weiß, wovon der spricht; denn er hat Mitte der 1970er mit einer eigenen Feldstudie im Sauerland die Sondersprachenforschung in der Bundesrepublik mit begründet und war auch über mehr als zwei Jahrzehnte Mitherausgeber einer wissenschaftlichen Reihe zur Sondersprachenforschung.

Dr. Manfred Theilacker gebührt das Verdienst, eine bislang weitgehend unbekannte Sprache von Wanderhändler in Württemberg (im Raum Spiegelberg) durch Zufall entdeckt und dann wissenschaftlich untersucht zu haben. Dabei bedient er sich sowohl sprachwissenschaftlicher als auch geschichtswissenschaftlicher Methoden. Dazu stellt er auch Bezüge zu Sondersprachen in benachbarten baden-württembergischen Orten (z. B. Pfedelbach) her.

Im Mittelpunkt der Fallstudie, die ihren Anfang in einem Hauptseminar nahm, das der Unterzeichnete zusammen mit seinem Kollegen Prof. Dr. Franz Quarthal am Historischen Institut der Universität Stuttgart abhielt, steht die Untersuchung der Reste des Wortschatzes der Spiegelberger Wanderhändler, die der Autor in den Jahren 2000 bis 2001 durch Feldforschung gesichert und für eine sprachwissenschaftliche Analyse aufbereitet hat. Allein schon wegen dieser Dokumentation und Spurensicherung verdient es diese Arbeit, veröffentlicht zu werden. Dr. Theilacker hat sich zudem bemüht, auch einen Herkunftsnachweis der ermittelten Wörter zu liefern, was angesichts der bekannt schwierigen Etymologie des Rotwelschen kein leichtes Unterfangen ist und zu Fehldeutungen führen kann, die von der späteren Forschung nicht immer ausgeräumt werden können.

Vorwort

Da Dr. Theilacker nicht des Hebräischen, aus dem ein Großteil der Wörter naturgemäß stammt, mächtig ist, hat er Muttersprachler als Experten herangezogen, die ihn bei der Deutung geholfen haben.

Es wäre zu wünschen, wenn diese wichtige Dokumentation einer ausgestorbenen Sprache, die aber Spuren im regionalen Dialekt hinterlassen hat, einen möglichst großen Leserkreis erreichen würde.

Stuttgart, im Sommer 2016   Prof. Dr. phil. Robert Jütte

Inhaltsverzeichnis

VORWORT 5

INHALTSVERZEICHNIS 7

ABKÜRZUNGSVERZEICHNIS.. 11

ABBILDUNGSVERZEICHNIS 13

TABELLENVERZEICHNIS 14

DANKSAGUNG 15

1 EINFÜHRUNG.. 17

1.1 Ziel und Zweck 17

1.2 Stand der Forschung/Forschungsmethodik 18
1.2.1 Stand der Forschung 18
1.2.2 Forschungsmethodik.. 18

1.3 Aufbau der Arbeit 19

1.4 Begriffserklärungen 21
1.4.1 Rotwelsch – Die deutsche Gaunersprache 21
1.4.2 Der Kochemer Loschen.. 24
1.4.3 Jüdisch-deutscher Dialekt.. 26
1.4.4 Zuordnung der Begriffe Kochemer Loschen und Rotwelsch 27
1.4.5 Linguistik und Rotwelsch 30

2 SPRACHELEMENTE DES WANDERHANDELS 35

2.1 Die Ermittlung von Sprachelementen 35

2.2 Abgrenzung Dialekt zu Sondersprache... 37

3 FALLSTUDIE SPIEGELBERG 39

3.1 Ausgangslage.. 39
3.1.1 Geografische Lage und Ansicht von Spiegelberg............................... 39
3.1.2 Kurze Übersicht über die Geschichte der Spiegelglashütte 40
3.1.3 Spiegelberg mit seinen Teilorten... 42

Inhaltsverzeichnis

3.2	**Entstehung der Handelsberufsstrukturen**	**43**
3.2.1	Bildung der Berufsstrukturen	43
3.2.2	Handel in Spiegelberg und Umgebung	45
3.3	**Vorbereitungen zur Befragung**	**46**
3.3.1	Untersuchungsmethoden	46
3.3.2	Aufbau der Erhebungsformulare	47
3.3.3	Glaubwürdigkeit der Erhebung	49
3.4	**Ermitteln und Auffinden der Gesprächspartner**	**49**
3.4.1	Ermittlung der Berufs- und Persönlichkeitsstruktur	50
3.4.2	Beziehungsstruktur der Befragten	51
3.4.3	*Ein* wichtiger Informant (Viehhändler und Metzger)	53
3.4.4	Weitere Mengenangaben	54
3.4.5	Aufbau der Auswertungstabellen	54
4	**DURCHFÜHRUNG UND ERGEBNISSE**	**57**
4.1	**Allgemeine Hinweise**	**57**
4.2	**Ermittelte Dialektwörter**	**58**
4.2.1	Nennung Dialektwörter	58
4.2.2	Zusammenfassende Mengenangaben	62
4.3	**Ermittelte Rotwelschwörter**	**62**
4.3.1	Wiedererkannte Rotwelschwörter	62
4.3.2	Frei genannte Rotwelschwörter	67
4.3.3	Nicht erkannte Rotwelschwörter	72
4.4	**Das soziale Handeln/Beispiel Viehhandel**	**73**
4.4.1	Redewendungen/-Sätze	73
4.4.2	Spezielle Händlersprache beim Viehhändler	74
4.4.3	Hebräische Zahlensysteme	76
4.4.4	Non-Verbale „Sprachelemente"	78
4.4.4.1	Mathematische Viehwaage	78
4.4.4.2	Mathematische Gewichtstabelle	79
4.4.4.3	Viehhändlerkniffe	80
5	**ZUSAMMENFASSUNG DER STUDIE**	**85**
5.1	**Gesamtübersicht der Untersuchung in Zahlen**	**85**
5.2	**Bewertung**	**85**

Inhaltsverzeichnis

6	**HERKUNFTSNACHWEIS DER ERMITTELTEN WÖRTER**	**87**
6.1	**Dialektwörter und deren Herkunft**	**87**
6.1.1	Angaben der verwendeten Quellen	87
6.1.2	Etymologie der Dialektwörter	88
6.1.3	Zusammenfassung und Bewertung der Dialektwörter	98
6.2	**Etymologie der Rotwelschwörter**	**100**
6.2.1	Schreibweise der hebräisch-/jiddisch-stämmigen Wörter	101
6.2.1.1	Das jiddische Alfabet / Der Jiddischer Alefbeys	101
6.2.1.2	Die YIVO-Norm	104
6.2.2	Angaben der verwendeten Quellen	104
6.2.3	Herkunftsbestimmung	105
6.2.4	Zusammenfassung und Bewertung der Rotwelschwörter	141
7	**NACHTRAG ZUR FALLSTUDIE IN SPIEGELBERG**	**145**
7.1	**Sondersprachelemente in anderen Regionen**	**145**
7.1.1	Bürgermeister von Wilsbach/Obersulm	145
7.1.2	Ein Bürger aus Trochtelfingen	145
7.1.3	Stellvertretender Bürgermeister von Leinzell	147
7.1.4	Ortsarchivar der Gemeinde Oberstenfeld (Kreis Ludwigsburg)	147
7.1.5	Rotwelsch in Backnang/Rems-Murr-Kreis	147
7.1.5.1	Viehhändler und Fleischvermarkter aus Backnang/Waldrems	147
7.1.5.2	Zusammenfassung und Bewertung	148
7.2	**Jenisch in Pfedelbach**	**149**
7.2.1	Einladungsschreiben zum Jenisch-Treff	149
7.2.2	Ablauf der Veranstaltung	151
7.2.3	Die „Jenischdiewereer" in Pfedelbach	155
7.2.4	Schlussbemerkungen zum Pfedelbacher Jenisch	158
8	**ZUSAMMENFASSUNG ÜBER DIE SPRACHE DER KLUGEN**	**159**
9	**LITERATURVERZEICHNIS**	**164**
9.1	**Ungedruckte Quellen**	**164**
9.1.1	Landesarchiv Baden-Württemberg	164
9.1.2	Privatarchive	164

Inhaltsverzeichnis

9.2	**Gedruckte Quellen**	**164**
9.2.1	Literatur	164
9.2.2	Weitere Nachschlagewerke	169
9.2.3	Internetseiten	171
10	**REGISTER**	FEHLER! TEXTMARKE NICHT DEFINIERT.
10.1	Personen	173
10.2	Orte, Landschaften	174
10.3	Sachen, Themen	176

Abkürzungsverzeichnis

Siglen

Zeichen	Bedeutung
BaWü	Baden-Württemberg
BGB	Bürgerliches Gesetzbuch
DWB	Deutsches Wörterbuch
GG	Grundgesetz
HStAS	Hauptstaatsarchiv Stuttgart
LAD-BW	Landesarchivdirektion Baden-Württemberg
LdMA	Lexikon des Mittelalters
OA	Oberamt, Oberämter
OAB	Oberamtsbeschreibung
SHWB	Schwäbisches Handwörterbuch
SWB	Schwäbisches Wörterbuch
WLB	Württembergische Landes-Bibliothek
Württ.	Württemberg
württ.	württembergisch

Abkürzungen

Zeichen	Bedeutung
Abb.	Abbildung
Abt.	Abteilung
Bd.	Band
Bü.	Büschel oder Faszikel (HStAS)
ev.	evangelisch
fl.	florin, Gulden
fol.	Folio, Blatt
ha	Hektar
Hrsg.	Herausgeber
Jh.	Jahrhundert
kath.	katholisch
km	Kilometer
Krs.	Kreis
Ltr.	Liter

Abkürzungsverzeichnis

Lkrs.	Landkreis
M.	Morgen
o. fol.	ohne Blattnummerierung
Qu.	Quadrangelnummer[1]
S.	Seite
schwäb.	schwäbisch
Sp.	Spalte
Tab.	Tabelle
TW	Tagwerk (Flächenmaß) württ. (Joch) mit ca.40,00 a bayerisch[2] mit 34,07 a

---

[1] Quadrangulier6ung (lat. quadrangulus = Viereck; auch ein Musikinstrument, das 4 Winkel hat); Sonderform der *Foliierung* (Blattzählung); Quadrat-Zeichen, gibt mit den nachfolgenden Zahlen an, um das wievielte Schriftstück (z. B. das 9. Blatt) es sich handelt = Qu. 9 (fortlaufende Durchnummerierung von Registratur-Akten) (Sabine Brenner-Wilczek u. a. (2006), S. 144).

[2] DWB (1984): Deutsches Wörterbuch, Hrsg. Jacob und Wilhelm Grimm, DTV 1984, Bd. 21, Sp. 90.

Abbildungsverzeichnis

Abb. 1 Der Kochemer Loschen 24
Abb. 2 Teildisziplinen der Linguistik 31
Abb. 3 Geographische Lage von Spiegelberg 39
Abb. 4 Ortsansicht von Spiegelberg von 1901 41
Abb. 5 In Spiegelberg gefertigter Blaker 41
Abb. 6 Glas- und Spiegelausstellung 2005 42
Abb. 7 Einwohnerzahl der Teilgemeinden von Spiegelberg 43
Abb. 8 Händlergruppen in den Löwensteiner Bergen 44
Abb. 9 Erhebungsformular/Interviewformular 48
Abb. 10 Beziehungsstruktur der Befragten 51
Abb. 11 Metzger-Verkaufstüte ca. 1950 53
Abb. 12 Muster der Auswertungstabellen 54
Abb. 14 Mathematische Viehwaage 79
Abb. 15 Mathematische Gewichtstabelle 80
Abb. 15 Gesamtübersicht 85
Abb. 16 Original-Einladungsbrief in Jenisch 150
Abb. 17 Übersetzung in Deutsch 150
Abb. 18 Originaltext Jenischdiewereer 156
Abb. 19 Originaltext Jenischdiewereer; deutsche Übersetzung 157

Tabellenverzeichnis

Tab. 1 Berufs- und Altersgruppen der Befragten 50
Tab. 2 Die maßgeblichen Gesprächspartner 53
Tab. 3 Ermittelte Dialektwörter 61
Tab. 4 Summe der ermittelten Dialektwörter 62
Tab. 5 Wiedererkannte Rotwelschwörter 66
Tab. 6 Summen wiedererkannter Rotwelschwörter 67
Tab. 7 Ermittelte frei genannte Rotwelschwörter 71
Tab. 8 Summe frei genannter Rotwelschwörter 71
Tab. 9 Nicht erkannte Rotwelschwörter 73
Tab. 10 Allgemeine Redewendungen/Sätze 74
Tab. 11 Summe allgemeiner Redewendungen/Sätze 74
Tab. 12 Viehhändlersprache 76
Tab. 13 Hebräische Zahlensysteme 77
Tab. 14 Summe der hebräischen Zahlensysteme 77
Tab. 15 Verkaufsvorbereitung von Tieren 83
Tab. 16 Etymologie der Dialektwörter 97
Tab. 17 Zusammenfassung der Herkunftsnachweise der Dialektwörter 99
Tab. 18 Das Jiddische Alfabet / Der Jiddischer Alefbeys 103
Tab. 19 Etymologie der Rotwelschwörter 140
Tab. 20 Zusammenfassung der Herkunftsnachweise der Rotwelschwörter 142

Danksagung

Großer Dank geht in erster Linie an die hilfs- und auskunftbereiten Einwohner und Bürger von Spiegelberg und den umliegenden Gemeinden, ohne deren Bereitschaft zur Mithilfe und Klärung sprachlicher Ausdrücke und deren sozialgeschichtlichen Entwicklung in diesem Teilgebiet des Schwäbisch-Fränkischen Waldes die Fallstudie nicht durchführbar gewesen wäre.

Stellvertretend für alle Vertrauensleute bedanke ich mich sehr herzlich bei Herrn Ewald Klenk aus Pfedelbach, der in kleinerer Runde über die Historie des Jenischen in Pfedelbach und Umgebung referierte und einen umfassenden Überblick über dieses Soziolekt gab.

Zu großem Dank verpflichtet fühle ich mich gegenüber Frau Marianne Hasenmayer aus Spiegelberg, die sich seit vielen Jahren mit der Geschichte des Schwäbisch-Fränkischen Waldes und seiner Einwohner beschäftigt und mir eine wertvolle Stütze bei der Suche und Auswahl meiner Gesprächspartner war.

Herrn Professor Dr. Robert Jütte, Leiter des Instituts für Geschichte der Medizin (IGM) der Robert Bosch Stiftung in Stuttgart und Honorarprofessor an der Universität Stuttgart in der Abteilung für Neuere Geschichte, danke ich für die Zurverfügungstellung seiner Bibliothek, in der sich eine erhebliche Anzahl Dokumentationen über Rotwelsch befinden. Auch konnte er mir im Bereich der Feldforschung über die Sondersprachen des Wanderhandels manch wertvolle Hinweise geben.

Auch bei Herrn Professor Dr. Franz Quarthal, der zusammen mit Herrn Professor Jütte im Wintersemester 2000/2001 ein Hauptseminar an der Universität in Stuttgart über die durchgeführte Fallstudie geleitet hatte, bedanke ich mich für seine fachlichen Anregungen und sein jederzeit offenes Ohr.

Den Herren Professoren Franz Quarthal und Gert Kollmer-von Oheimb-Loup danke ich für die Möglichkeit der Herausgabe dieses Werks innerhalb der

Danksagung

Reihe *Stuttgarter historische Studien zur Landes- und Sozialgeschichte.*

Nicht zuletzt bei meiner Frau Irmgard bedanke ich mich für ihre nicht nachlassende Unterstützung vor, während und vor allem bei der Nachbearbeitung der Ergebnisse der Fallstudie.

1 Einführung
1.1 Ziel und Zweck

Grundlage dieser Arbeit bildet eine von Oktober 2000 bis Februar 2001 durchgeführte Fallstudie über Sondersprachen des Wanderhandels in dem Raum Spiegelberg, da dieses Gebiet im Lautertal im Gegensatz zu Öhringen und Neulautern/Wüstenrot bislang in dieser Richtung nicht erforscht worden war und einen sogenannten weißen Fleck darstellte. Diese Untersuchung soll die bereits bestehenden Erkenntnisse über Rotwelsch, dessen Entstehung und dessen Verbreitung vor allem in einem Teil von Baden-Württemberg im Bereich der Löwensteiner Berge und des angrenzenden Franken-/Hohenloher Land aufzeigen.[3] Dabei konnte ich erkennen, dass diese Sondersprachen in Bezug auf Handel (z. B. mit Vieh, Haushaltswaren, Bürsten, Korbwaren und auch mit Glaswaren) in enger Beziehung zu der ehemaligen Spiegelglashütte in Spiegelberg bzw. Jux standen.[4]

Die Bestandteile dieser Fallstudie waren das Ermitteln von Rotwelschelementen, deren Auswertung und qualitative Darstellung. Ein Teil dieser Ergebnisse wurde in unterschiedlichen Tageszeitungen und Gemeindeblättern veröffentlicht.[5] Das Ziel der damaligen Fallstudie umfasste sowohl die *Quellenforschung für die Dialektwörter* sowie die *Quellen und Herkunftsbezeichnungen* (Etymologie) *der Rotwelsch-Sprachelemente*. Außerdem werden die Händler-Gepflogenheiten beim Viehhandel sowie weitere neue Erkenntnisse dargestellt.

---

[3] Die Fallstudie fand innerhalb eines Hauptseminars der Universität Stuttgart unter der Leitung der Professoren Dr. Robert Jütte und Dr. Franz Quarthal statt.
[4] Vgl. Manfred E. Theilacker (2015): Kulturgut Glas und Spiegel, Wirtschafts- und Sozialgeschichte der Spiegelfabrik Spiegelberg, ein Regiebetrieb des Herzoglichen Kirchenrats; passim.
[5] Z. B. Stuttgarter Zeitung, Backnanger Kreiszeitung u. a.; s. Quellenverzeichnis.

Einführung

1.2 Stand der Forschung/Forschungsmethodik

1.2.1 Stand der Forschung

Noch im Jahr 2015 muss festgehalten werden, dass die Dokumentation und Erforschung der deutschen Sondersprachen (Rotwelsch-Dialekte) im Argen liegt.[6] Bereits Friedrich Kluge hatte eine Anzahl sogenannter Rotwelschdialekte aufgezeigt, die bis heute nicht ausreichend erforscht worden sind.[7] Diese Arbeit will für das Gebiet Löwensteiner Berge und Schwäbisch-Fränkischer Wald versuchen helfen, eine der bestehenden Lücken in der Erforschung der Sondersprachen zu schließen. Im Mittelpunkt der Forschungen steht die Gemeinde Spiegelberg an der Lauter.

1.2.2 Forschungsmethodik

Für den Bereich der Feldforschung für die ehemals in Spiegelberg beheimateten Sondersprachen wurden als Forschungsmethodik die Untersuchungsregeln der Empirischen Sozialforschung angewandt (Befragung in Interviewtechnik, in Einzelfällen Nachfassen mit Fragebogen). Befragt wurden insgesamt über 100 Personen, davon wurden allein während der Ermittlungsphase innerhalb der *Sondersprachen des Wanderhandels* ca. 65 Adressen abgearbeitet. Der Rest verteilte sich auf Fragen zur Vertiefung des durch die Archivarbeit gewonnenen Informationsmaterials, wobei die hierbei erzielten Ergebnisse – nicht zuletzt wegen fehlender Zeitzeugen – nicht oder nur gering verwertbar waren. Die Forschungsergebnisse wurden in der *beschreibenden* Art festgehalten.[8]

---

[6] Vgl. Klaus Siewert (1996) in der Zeitschrift für Dialektologie und Linguistik, 63. Jahrgang, Heft 3, S. 282-288.

[7] Vgl. Friedrich Kluge (1987): Rotwelsch. Quellen und Wortschatz der Gaunersprachen und der verwandten Geheimsprachen. I. Rotwelsches Quellenbuch. Straßburg 1901; Berlin/ New York 1987 (photmechanischer Nachdruck).

[8] Die ausführlichen Ergebnisse dieser Erhebung sind u. a. zusammengefasst in: Manfred Theilacker (2005): Der Kochemer Loschen – Die Kluge Sprache, zur Sozialgeschichte einer Sondersprache des Wanderhandels der Hausierer, Bettler und Viehhändler; aufgezeigt am Beispiel einer Feldstudie in Spiegelberg (Württemberg); Zulassungsarbeit; Landesbibliothek Baden-Württemberg, Signatur: 55a/3035, 2005.

Einführung

Wichtige Informationen lieferten auch die Beschreibungen der Oberämter Backnang, Marbach, Weinsberg, Heilbronn usw. sowie die üblichen Nachschlagewerke und aktuelle Nachrichten und Berichte aus der Presse.

Zeitzeugen können wesentlich zur historischen Erkenntnis beitragen. Noch lebende Zeitzeugen, zwischenzeitlich verstorbene Gewährsleute, die der Autor noch kannte, informierten und bestätigten eine Vielzahl historischer Fakten über Spiegelberg und die zum Teil bekannten Sprachelemente der Sondersprachen des Rotwelsch.

Das Internet wurde intensiv als moderne und absolut unverzichtbare Informationsbeschaffungsmöglichkeit für überwiegend aktuelle Fragestellungen innerhalb dieser Arbeit zusätzlich zu den traditionellen Quellen genutzt. Da die Internetseiten ständig aktualisiert werden, wurden sie im Literaturverzeichnis mit dem aktuellen Zugriffsdatum versehen. Soweit Archive und Registraturen von Firmen, Verbänden und sonstigen nicht öffentlich rechtlichen Einrichtungen benutzt wurden, war sich der Auto über eine möglicherweise nicht objektive Darstellung bewusst.

1.3　Aufbau der Arbeit

Durch die bereits teilweise erfolgten Veröffentlichungen und Referate ergab sich eine ungewöhnlich große Resonanz und eine Reihe neuer Kontakte, so dass die hieraus gewonnenen Informationen in einem separaten Kapitel beschrieben werden können.[9]

Die Arbeit besteht aus insgesamt zehn Kapiteln.

Abschnitt eins dient der Einführung, der Begriffserläuterung sowie der Abgrenzung der in der Arbeit verwendeten Fachausdrücke für die Gaunersprache und deren grundsätzlichem Aufbau.

In Abschnitt zwei erfolgt die Abgrenzung von Sprachelementen der Sondersprache zu dem im Untersuchungsgebiet vorherrschenden Dialekt.

Der dritte Abschnitt beschreibt die Ausgangslage im untersuchten Gebiet, erläutert

---

[9] Vgl. Kapitel 7 Nachtrag zur Rotwelsch-Fallstudie in Spiegelberg.

Einführung

die Handelsberufsstrukturen und stellt die Vorbereitungen zur Befragung vor.

In Abschnitt vier werden die Durchführung der Untersuchung und die ersten Ergebnisse über die ermittelten Dialekt- und Rotwelschwörter dargestellt. Auch wird das soziale Handeln der Marktbeteiligten am Beispiel des Viehhandels aufgezeigt.

In Abschnitt fünf erfolgen eine vorläufige Gesamtübersicht und eine Bewertung der vorgefundenen Sachverhalte.

Abschnitt sechs beschäftigt sich mit der Herkunftsbestimmung (Etymologie) der ermittelten Dialekt- und Rotwelschwörter aus der Fallstudie. Zusätzlich zur rein mengenmäßigen Übersicht erfolgt dabei die Präsentation der Recherchen, die aufgrund der zur Verfügung stehenden Literatur, des Internets, div. Zeitungen usw. durchgeführt wurden.[10] Hierbei wird zum einen unterschieden nach reinen Dialektwörtern, zum anderen nach Wörtern, die zweifelsfrei einem Rotwelsch-Dialekt zugeordnet werden konnten. Bei dieser Darstellung ist es unerheblich, dass die ermittelten Rotwelschwörter einerseits frei genannt, andererseits nach Vorlage wiedererkannt worden sind. Auch sind hierin die Besonderheiten beim Viehhandel berücksichtigt, wobei nicht nur die verbalen Aktivitäten (meist in Hebräisch/Jiddisch), sondern vor allem auch das soziale Handeln im non-verbalen Bereich aufgezeigt werden.

Ein siebter Abschnitt widmet sich der Resonanz, die aus verschiedenen Bevölkerungsschichten aufgrund der Veröffentlichungen zu verzeichnen war. Hierbei ergaben sich zum einen bezüglich Rotwelsch-Jiddisch eine hohe Anzahl von Übereinstimmungen, während zum anderen das Jenische in Pfedelbach neue Perspektiven eröffnete. Hierin wird besonders der Kontakt zu einem Bürger von Pfedelbach dokumentiert. Dieser beherrscht den Rotwelsch-Dialekt Jenisch perfekt. Nachgewiesen wird die Entstehung des Jenisch im Pfedelbacher Raum mit Originaldokumenten, sodass ein umfassendes Bild der „Jenischen" in Pfedelbach und Umgebung gezeichnet werden konnte.

---

[10] S. Kapitel 9 Literaturverzeichnis.

Einführung

Kapitel acht widmet sich der Zusammenfassung über die Kluge Sprache, während sich in Kapitel 9 das Literaturverzeichnis befindet und sich in Kapitel 10 ein ausführliches Register anschließt.

1.4 Begriffserklärungen

1.4.1 Rotwelsch – Die deutsche Gaunersprache

Als Rotwelsch wird die deutsche Gaunersprache bezeichnet.[11] Das Wort erschien erstmals um 1250. "Rotwalsch" erschien bereits in der übertragenen Bedeutung für "Worte geheimen, arglistigen Sinnes". Dabei bedeutet der Wortteil "walsch" fremdartig, unverständlich. "Rot" kennt zwei unterschiedliche etymologische Erklärungen: Zum einen wird das Wort abgeleitet aus dem Wortbestand des *Liber Vagatorum* (um 1510), wonach der Schluss nahe liegt, dass mit dem Wortteil "Rot" in der Regel Bettler bezeichnet wurden.[12] Insofern gilt Rotwelsch als die schwer verständliche Sprache der Bettler. Zum anderen zeigt das Deutsche Wörterbuch der Gebrüder Grimm auf, dass "röt" für rothaarig, falsch und gerissen steht.[13]

In der Sprachwissenschaft hat sich die Bezeichnung *Rotwelsch* durchgesetzt. Teilweise werden weitere Begriffe verwendet, wie z. B. *Argot*, *Kundensprache*, *Kochemer Loschn* sowie unterschiedliche Namen von Rotwelsch-Dialekten wie etwa

---

[11] Vgl. http://www.grin.com/de/e-book/92864/rotwelsch-die-geheime-sprache-sozialer-aussenseiter.

[12] Spitalmeister Matthias Hütlin aus Pforzheim soll um 1510 aufgrund der *Basler Betrügnisse der Gyler* = Bettler (Einflussreiches Wörterbuch des Rotwelschen, ca. 1433/1440) das *Liber Vagatorum* erstellt haben , der „bis 1755 nachgedruckt und ständig nach Maßgabe der gaunerpolitischen Interessen verändert wurde". Alemannische Jahrbuch (1971-1972): Matthias Hütlin und sein Gaunerbüchlein, der *Liber vagatorum, Bühl 1971-1972.*
Vgl. auch http://www.juedische-allgemeine.de/article/view/id/13488.
Vom *Liber vagatorum* sind bis heute 32 Drucke und Fassungen bekannt, darunter auch eine weitgehend textgetreue Version von Martin Luther. Diese trug zur Popularität des *Liber vagatorum* bei, wobei Luther lediglich den Titel änderte und eine Vorrede hinzufügte (vgl. Martin Luther (1909), Werke. Weimarer Ausgabe, Bd. 26, S. 634-654).
Vgl. auch Robert Jütte (1988): Abbild und soziale Wirklichkeit des Bettler- und Gaunertums zu Beginn der Neuzeit: sozial-, mentalitäts- und sprachgeschichtliche Studien zum Liber Vagatorum (1510), Köln, Wien 1988 (Beihefte zum Archiv für Kulturgeschichte, Heft 27), Seite 106-117: *Das Liber Vagatorum und seine Vorläufer.*

[13] DWB (1984), Deutsches Wörterbuch, Hrsg. Jocob und Wilhelm Grimm, Erstausgabe 1854/1877 Leipzig, München, Bd. 14, S. 1287-1299.

Einführung

Masematte, Giessener Manisch oder die *Lingelbacher Musikanten-sprache*.[14]

Wie bereits oben ausgeführt, ist Rotwelsch die älteste von vielen Bezeichnungen der Sprache des Wanderhandels der Hausierer, Besenbinder, Viehhändler und der kleinen Gauner. Händler und kleine Gauner haben sich dieser Sprache bzw. deren Sprachelemente bedient, um ungestört Erfahrungen auszutauschen und vor allem von Einheimischen nicht verstanden zu werden. Spuren dieser Sprache konnten auch in Spiegelberg erforscht werden.[15]

Die Angabe der Wortherkunft ist bei den Rotwelsch-Dialekten besonders problematisch, da die Entwicklungen nicht an Schriftzeugnissen nachvollzogen werden können. Auf eine Sprache, die so sehr von der jeweiligen Situation ihrer Sprecher abhängt, wirken viele Zufälle ein, so dass sich manche Phänomene heute nicht mehr erklären lassen. Eine Reihe von Herleitungen können nur als Vermutungen angesehen werden, andere konnten bisher gar nicht geklärt werden.[16] Die Wege, auf denen z. B. das Rotwelsch der Gauner in die deutsche Umgangssprache, insbesondere deren „niederen" Stilformen (Slang- und Gossensprache) eindrang, sind schwer ausfindig

---

[14] *Argot* (frz.): Gaunersprache (aus *Jargolie*, die alte Bezeichnung für Normandie und *Argus*, Symbol für Vorsicht), vgl.
http://wwws.phil.uni-passau.de/histhw/TutKrypto/tutorien/argot.htm.
Jenisch: Krämersprache, entstanden im deutschprachigen und französischen Raum; es enthält Elemente des Deutschen, Jiddischen, Romani und Rotwelsch; vgl. http://www.kueblerclan.eu/Jenische%20Sprache.htm.
Kundensprache umfasst sowohl die Sprache der wandernden Gesellen als auch die der Landstreicher und Gauner, vgl. https://de.wiktionary.org/wiki/Kundensprache.
Kochemer Loschen (Loschn) s. Kap. 1.4.2.
Masematte ist eine im 19. Jh. entwickelte Sondersprache von ambulanten Händlern, Hausierern, Bettlern, Teilen von sozialen Unterschichten in einigen Vierteln von Münster; vgl. http://wiki.muenster.org/index.php/Masematte.
Giessener Manisch besteht aus Romanes und Jenisch, Sonderwortschatz sozialer Randgruppen; vgl.
http://www.giessener-zeitung.de/heuchelheim/beitrag/41293/Manische-sprache-was-ist-das/.
Lingelbacher Musikantensprache ist ein Rotwelschdialekt im Vogelsberg (Alsfeld-Lingelbach, Hessen), vgl. http://www.etymologie.info/~e/d_/de-rotwel.html.
[15] Vgl. Thomas Schwarz (2008): Spiegel sind in Spiegelberg nicht nur Ansichtssache. Artikel in der Stuttgarter Zeitung vom 14.8.2008, Nr. 189, S. 28.
[16] Vgl. Ulrike Feuerabend (2002): Heimatbuch Leinzell, Herausgeber Gemeinde Leinzell, Schwäbisch Gmünd 2002, S. 125-137.

zu machen. Eine der Ursachen hierfür ist die seit dem 19. Jahrhundert sich abzeichnende Verflechtung des Gaunertums mit den unteren sozialen Schichten der Stadtbevölkerung.[17]

Weitere Gründe für das Entstehen der Sondersprache Rotwelsch ist eine gewisse Motivation zur sprachlichen Absonderung. Die Funktionsanalyse von Hermann Arnold ergibt vier wesentliche Funktionen innerhalb einer Geheimsprache:[18]

> Geheimhaltung von Informationen
> Schutz und Abwehr von Gefahren
> Mittel zur Täuschung, um sich so geschäftliche Vorteile zu verschaffen
> Zugehörigkeit zu einer Gruppe zu signalisieren und zu festigen.[19]

Die Dokumentation und Erforschung der deutschen Sondersprachen vom Typus der sogenannten Rotwelsch-Dialekte liegt allerdings weiterhin im Argen.[20]

---

[17] Vgl. auch Robert Jütte (1978): Sprachsoziologische und lexikologische Untersuchungen zu einer Sondersprache: Die Sensenhändler im Hochsauerland und Reste ihrer Geheimsprache (Zeitschrift für Dialektologie und Linguistik, Beihefte, N. F., Bd.25), Wiesbaden 1978, S. 13.
[18] Vgl. Hermann Arnold (1975): Randgruppen des Zigeunervolkes, Neustadt (Weinstr.) 1975, S. 278; vgl. Kapitel 3.2 Entstehung der Handelsberufsstrukturen.
[19] Nach Christian Efing (2004): Jenisch unter Schaustellern, Wiesbaden 2004, ab Seite 33.
[20] Vgl. Siewert (1996), Sondersprachenforschung 1, Seite 9 ff.
Bereits 1896 wurde in Meyer´s Konversationslexikon auf die noch fehlende wissenschaftliche Bearbeitung des mittelhochdeutschen Sprachgutes verwiesen; trotz zwischenzeitlich erfolgter Grundlagenarbeit monierte Siewert 1996 noch ausstehende Forschung.

1.4.2 Der Kochemer Loschen

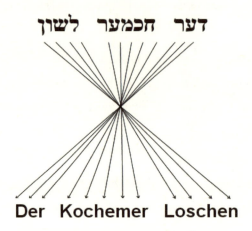

Abb. 1 Der Kochemer Loschen[21]

Der Ausdruck "*Kluge Sprache*" hat ihren Ursprung im Hebräischen bzw. Jiddischen. „Kochem" ist abgeleitet vom hebräischen „chacham". Im Jiddischen lautet der Ausdruck „chochem". Die deutsche Übersetzung hierfür lautet *klug*, „Laschon" im Hebräischen bedeutet „Sprache". Zu beachten ist, dass nicht die Sprache selbst klug ist, sondern der kluge Gebrauch der Sprache. Die korrekte Übersetzung lautet daher: Die Sprache der Klugen; die Sprache der Kundigen[22]

Deshalb ist *Kochemer Loschen* der übliche Ausdruck für den vollkommenen Begriff der Gaunersprache, entsprechend der Sprache des Gauners vom Fach. Das Wort *Gauner* ist ebenfalls hebräischen Ursprungs. Dieses Wort wurde in früheren Zeiten als „*Jauner*" ausgespochen und entstammt dem hebräischen Wort „*janah*" (=

---

[21] Vgl. J. K. von Train (1833): Chochemer Loschen. Wörterbuch der Diebs- vulgo Jenischen Sprache, nach Criminalacten und der vorzüglichen Hilfsquellen für Justiz-, Polizei- und Mautbeamte, Candidaten der Rechte, Gendarmerie, Landgerichtsdiener und Gemeindevortsteher.
Nach *Weinreich;* Hebräische Schreibweise: von rechts nach links, danach transkribiert nach YIVO-Norm von links nach rechts; YIVO-Norm = Yivo-Institute for Jewish Research, New York/ vgl. Kapitel 6.2.1.2.

[22] Vgl. Klaus Siewert (1996), Rotwelsch-Dialekte, SymposionMünster, 10. bis 12. März 1995, Wiesbaden, S. 16 *Zum Sprachnamen Rotwelsch.*

Einführung

„Schwindler"), wobei *Ganove* die deutsche Bedeutung des hebräischen Wortes „*Ganaw*" (= *Dieb*) darstellt.[23]

Die Ausdrücke Kochemer Sprache, Kaloschen- oder Galoschensprache, Jenische Sprache sind keine echten Gaunerausdrücke, sondern von Polizei und Volk gemacht – ebenso wie die Schurersprache (vom zigeunerischen „schorr", tschorr" = Dieb), obwohl „*schuren*" („*Handel treiben*", auch „*stehlen*") ein gebräuchlicher Gaunerausdruck war.[24] Ferner wird als Gaunersprache unter dem Oberbegriff „*Rotwelsch*" der „*Kochemer Loschen*" genannt.

Die Gaunersprache ist, wie besonders Avé-Lallemants Nachforschungen erwiesen haben, ihrer Grundlage nach durchaus deutsch.[25]

Aber da sie die Sprache der unteren sozialen Schichten, der Fremden und Einheimischen, der „Verkommenen" aller Stände ist und ihr Zweck die Unverständlichkeit für Nichteingeweihte darstellt, so enthält sie nicht nur eine Menge mundartlicher und aus dem Wortschatz verschiedener Volksgruppen stammender Wörter. Auch erotische und selbstgeschaffene Wörter sind in der Sprache bzw. den Sprachelementen enthalten. Sie erscheint so als eine konventionelle oder gemachte Sprache, im Gegensatz zu einer genuinen verbalen Verständigung, und zeichnet sich durchgängig durch Scharfsinn und geradezu schöpferische Phantasie, lebhafte Bilder, übermütigen Witz und kecke Sprünge aus. Daher sind ihre eigenen Bildungen meist von greifbarer, ursprachlicher Anschaulichkeit (z. B. „*Kraut fressen*", „*abkrauten*" = „*aus der Gefangenschaft (ins freie Feld) fliehen*".

Die Grammatik der Gaunersprache beschränkt sich im Wesentlichen auf den in der

---

[23] Vgl. Meyers (1897): Konversations-Lexikon., Bibliographisches Institut, Leipzig und Wien, Fünfte Auflage, 1897, Bd. 7, S. 135-136.
Vgl. Robert Jütte (1988), S. 135 *Gauner*.
[24] Vgl. Abschnitt 7.2 Jenisch in Pfedelbach.
[25] Friedrich Christian Benedict Avé-Lallemant (1998): Das deutsche Gaunerthum in seiner social-politischen, literarischen und linguistischen Ausbildung zu seinem heutigen Bestande, 4 Bände, Leipzig 1858-62, (Nachdruck in 2 Bänden) Wiesbaden 1998.

Literatur schon seit langer Zeit zusammengetragenen Wortvorrat.[26] Dies bedeutet, dass die im Bereich der Linguistik aufgeführten fünf Teildisziplinen beim Gebrauch der „*Klugen*" Sprachelemente nahezu unverändert Gültigkeit haben.[27]

1.4.3 Jüdisch-deutscher Dialekt

Die nach den Verfolgungen des Mittelalters von der zweiten Hälfte des 14. Jahrhunderts an aus Deutschland nach dem europäischen Osten auswandernden Juden wahrten in der Fremde mit besonderer Zähigkeit ihre deutsche Muttersprache, die sie mit hebräischen Ausdrücken und Fremdworten (meist slawischer Herkunft) durchsetzten und zu einem eigenartigen Jargon ausbildeten.[28] Bei dem später erfolgten Rückfluten der jüdischen Bevölkerung nach Westen wurde dieser Dialekt nicht aufgegeben und bildete die Umgangssprache nicht nur vieler Juden deutscher Abstammung in Russland, Posen, Ungarn, Bosnien, Serbien und Rumänien, sondern auch in den Ländern, in dem Jargon redende Juden eine neue Heimat fanden, wie in Deutschland, England und Amerika[29]. Man unterscheidet bei dieser Sprache vier elementare Bestandteile:

1)   Das Hebräische für Gegenstände aus dem Kreis des Judentums, bei Begriffsformen, verschiedenen Ausdrücken aus der Sprache des täglichen Umgangs und Gegenständen, die man absichtlich nicht mit deutschen Worten benannte

2)   Kompositionen des Hebräischen und der Landessprache, z. B. deutsches Hilfsverb „*sein*" mit dem hebräischen Partizipium = *matzl sein* (erretten), *meschuggo* (verrückt) sein usw.

---

[26] U. a. in Matthias Hütlin (1510): Liber Vagatorum , passim und die grundlegenden Aussagen in Robert Jütte (1988) passim.

[27] Vgl. Aussagen zur Linguistik in Kapitel 1.4.5

[28] Der Jargon ist als Umgangssprache eine Sondersprache (Soziolekt), die der Kommunikation innerhalb der Anwendergruppe sowie der Abgrenzung nach außen und somit zur Identitätsbildung dient.
Vgl. LdMA (2003): Lexikon des Mittelalters, Hrsg. Robert Auty u. a., 9 Bände, München 2003; Bd. V, Juden, Judentum S. 781-787.

[29] Vgl. Paul Wexler (2002): Two-Tiered Relexification in Yiddish: Jews, Sorbs, Khazars, and the Kiev-Polessian Dialect. Berlin: Mouton de Gruyter; s. auch Roland Gruschka: Jiddisch und jüdische Identität in Berlin um 1800 auf homepage http://www.hfjs.eu/hochschule/dozenten/professoren/gruschka.html.

3) Veraltetes oder fehlerhaftes Deutsch, teils in Anwendung für jüdische Gebräuche, z. B. *Aufrufen* (zur Thora), Lernen als religiösem Studium; besonderer Gebrauch der Wörter (*sich kriegen* statt *streiten*, *königen* statt *regieren*, *Schule* statt *Gotteshaus*, *jüdischen* statt *beschneiden*, *Ette* statt *Vater* usw.

4) Die Verwendung von aus der Fremde stammenden Aussprachen und Wörtern, z. B. *benschen* = *segnen* (lat. benedicere), *oren* = *beten*, *Pilzel* = *Magd*, *planjenen* = *weinen*, *preien* = *einladen* usw.

Das Jiddisch-Deutsche, eine Fundgrube für mittelhochdeutsches Sprachgut, harrt noch weiterer wissenschaftlicher Bearbeitung (Stand 1896).[30]

1.4.4 Zuordnung der Begriffe Kochemer Loschen und Rotwelsch

Quellen des Rotwelschen lassen sich ab ca. Mitte des 14. Jahrhunderts feststellen; ab Ende des 17. Jahrhunderts nimmt ihre Zahl zu.[31] Den Wortschatz des Rotwelschen bilden hauptsächlich die Spendersprachen Romanes und Jiddisch-Deutsch sowie die rotwelschen Umbildungen deutschen Sprachmaterials. Er ist historisch dreifach geschichtet: Die ersten Wörter aus der Zeit ab dem 14. Jahrhundert sind im *Liber Vagatorum* zusammengefasst; eine zweite Welle entstammt der Zeit vom Ende des Dreißigjährigen Krieges bis zum Ausgang des napoleonischen Zeitalters; die dritte Schicht ist das noch lebende Rotwelsch, dessen Wortbestand auf der zweiten Schicht aufbaut, aber regionale Eigenheiten entwickelt und sich in Rotwelschdialekte ausdifferenziert hat.[32]

Damit schwand gleichzeitig die einheitliche Bezeichnung *Rotwelsch* zugunsten der Eigenbezeichnungen wie *Manisch, Schlausmen, Bargunsch, Kochemer Loschen, Jenisch*.[33]

---

[30] Nach Meyers (1897), Bd. 10, S. 316-317 und S. 651-652.
Um diese wissenschaftliche Thematik zu vertiefen, wird zwischenzeitlich an einigen deutschen Universitäten in Deutschland das Studium der Jiddistik, die Lehre der jiddischen Sprache, als Haupt- oder Nebenfach angeboten (z. B. in Trier seit 1970). Auch an der Universität Stuttgart wurden am Institut für Linguistik/Germanistik 2004 einige Jiddisch-Seminare angeboten.
[31] Vgl. Christian Efing (2004), S. 33.
[32] Nach Siegmund A. Wolf (1956), S. 12 ff.
[33] Bargunsch war die Geheime Kaufmannsprache der Tödden (Handelsleute im Münsterland),

Einführung

Die Über- oder Unter- bzw. Neben-Ordnung ist nicht eindeutig. Im weiteren Fortgang der Arbeit wird *Kochemer Loschen* als Unter- und *Rotwelsch* als Oberbegriff definiert; die *Rotwelschdialekte (jiddisch, jenisch usw.)* werden *Rotwelsch* zugeordnet.

Die beiden Begriffe *Kochemer Loschen* und *Rotwelsch* sind einerseits als Sprache bzw. Sprachelemente zu betrachten und andererseits als deren Verbindung zu sozialen Gruppen mit deren non-verbalem Handeln.[34]

Die *Kluge Sprache* ist nicht nur mündlich überliefert. Sie bedient sich auch der non-verbalen Form; einschränkenderweise muss jedoch betont werden, dass kaum schriftliche Unterlagen überliefert sind. Auf welche Art sich die Händler/Gauner usw. letztlich über die verbale Sprache hinaus ausgetauscht haben, ist spekulativ.[35]

Überliefert sind jedoch zeichensprachliche Verständigungen. Diese werden mit sogenannten „Gaunerzinken" bezeichnet. Sie wurden an bestimmten Stellen angebracht: an Hauswänden, Eingängen, Scheunen, Türen und an nur *„für Leute erkennbaren Stellen"*. Hierauf wird in dieser Arbeit nicht weiter eingegangen.

Zum Verkaufsgespräch gehören selbstverständlich auch *Mimik* und *Gestik*. Sie sind ein wesentlicher Bestandteil eines Verkaufsgesprächs – vor allem dann, wenn es sich um möglicherweise nicht ganz *„koschere"* = *einwandfreie* Geschäfte handelte. Auch dieser Punkt kann an dieser Stelle nicht vertieft werden. Der Schwerpunkt der Arbeit liegt an der Sprache selbst, deren Etymologie und auch in den Verkaufsvorbereitungen für das Vieh.

Sieht man nun die Sprache, besser die Sprachelemente, des Rotwelsch als Gauner-, Kunden-, Verkaufssprache der wandernden Handwerksburschen und Nicht-Sesshaften an, so ist die Etymologie des Rotwelsch auf keinen Fall einheitlich.

---

[34] vgl. http://www.toeddenland-radweg.de/de/die-tödden/wer-sie-waren.html. Vgl. auch: Robert Jütte (1978), S. 11.
[35] S. Kapitel 4.4 Das soziale Handeln/aufgezeigt am Beispiel des Viehhandels.

Einführung

Die neuesten Sprachforschungen auf diesem Gebiet ermöglichen eine aktuelle Einteilung der wesentlichen Begriffe des Rotwelschen:[36]

Sondersprachen:

In der heutigen Sprachwissenschaft wird der Begriff „Sondersprache" als eine „Sprachvarietät" bezeichnet, die sich durch bestimmte Merkmale von den unterschiedlichen Darstellungen der Hochsprache, Standardsprache, Umgangssprache und Mundart unterscheiden. Die Sprache stellt ein herausragendes Mittel eines internen Gruppenzusammenhaltens und -Profilierung dar. Ihr kommt dadurch auch eine bedeutende Funktion als Geheimsprache zu.[37]

Dialekt:

Auch der Dialekt, der von bestimmten Personengruppen gesprochen wird, kann zur bewussten „Verhüllung" von wahren Sachverhalten für Nichteingeweihte führen. Er ist somit Bestandteil einer Gruppe von Kennern, die sich der für Fremde nicht einordenbare Sondersprachen-Elemente bedienen. In der vorliegenden Studie in Nordwürttemberg wird vorwiegend schwäbisch, Heilbronner fränkisch und hohenlohe-fränkisch gesprochen.

Spendersprachen:

Hierunter sind die Quellsprachen einzuordnen, aus denen die Rotwelsch-Elemente entlehnt wurden. Es sind dies vor allem Deutsch, Französisch, Lateinisch, Hebräisch, Jiddisch, Holländisch, Jenisch, Manisch, Romanes.[38] Für alle Lehnwörter, die letztlich „eingedeutscht" wurden, wurde die Grammatik des Deutschen beibehalten.[39]

---

[36] Vgl. hierzu Klaus Siewert (1996), S. 15 *Zum Sprachnamen Rotwelsch*.
[37] Vgl. hierzu Jutta Middelberg (2001) Romanismen in deutschen Rotwelsch-Dialekten, S.2, Wiesbaden 2001.
[38] Vgl. Jutta Middelberg (2001): passim.
Vgl. Christian Efing (2005): Das Lützenhardter Jenisch, Studien zu einer deutschen Sondersprache, Wiesbaden 2005, S. 21-35.
[39] Vgl Kapitel 1.4.5 Linguistik und Rotwelsch.

Non-verbale Elemente:

Zeichensprache, Mimik, Gestik. Verstärkt durch diese Elemente können sprachliche Aussagen durch die Zeichensprachen (Gaunerzinken), die Mimik und Gestik – vor allem bei Verkaufsgesprächen – mit entscheidend für den Erfolg oder Misserfolg von Verhandlungen sein. Mit Ausnahme der Vorbereitungen für die Verkaufsgespräche und der Verhandlungstaktik beim Viehhandel sind diese Elemente nicht Bestandteil vorliegender Studie.[40]

1.4.5 Linguistik und Rotwelsch

Nachstehende Übersicht des Instituts für Linguistik der Universität Stuttgart zeigt die fünf wichtigsten Teilbereiche der Linguistik. Diese Aussagen können ohne Einschränkungen auch für die Sprachelemente des Rotwelsch übernommen werden. Allerdings handelt es sich bei vorliegender Studie nicht um eine linguistische, sondern um eine sozialgeschichtliche Arbeit. Deshalb liegt der Schwerpunkt nicht auf sprachwissenschaftlicher Seite, sondern im sozialgeschichtlichen Bereich.

Am Beispiel des ROTWELSCH soll dokumentiert werden, dass in den 5 Hauptbereichen der Linguistik so gut wie keine Abweichungen von der deutschen Sprache existieren.[41]

---

[40] Vgl. Kapitel 4.4.3.3 Viehhändlerkniffe.
[41] Erläuterungen zu Jiddisch s. Kapitel 6.2.1 Schreibweise der hebräisch-/jiddisch-stämmigen Wörter. Vgl. auch Robert Jütte (1988), S. 145-179 *Wortbildung und sprachliche Quellen*.

Einführung

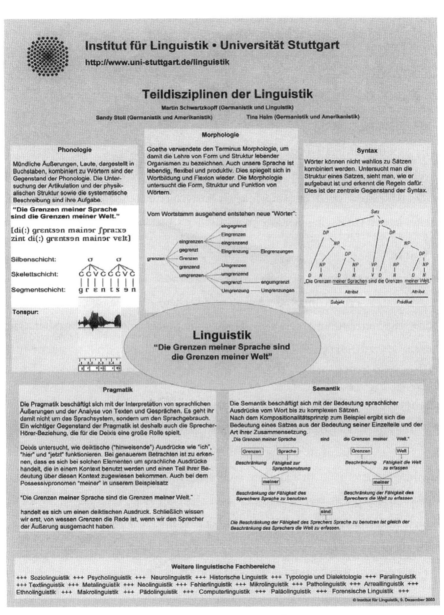

Abb. 2 Teildisziplinen der Linguistik[42]

---

[42] Quelle: Institut für Linguistik der Universität Stuttgart.

Einführung

Zu **Phonologie**

Jiddisch hat eine streng phonetische Beziehung zwischen Zeichen und Laut. Es ist, mit Ausnahme der hebräischen Komponenten, im Gegensatz zum Deutschen, Englischen, Französischen usw. eindeutig – jedem Zeichen entspricht ein Laut.

Zu **Morphologie**

Die Form, Struktur und Funktion von Wörtern unterscheiden sich im Deutschen und Rotwelsch (Jiddischen) kaum. Soweit es sich erkennen lässt, weicht das Rotwelsch nicht vom Flexionssystem der sprachlichen Basis, hier dem Schwäbisch-Fränkischen, ab, muss jedoch einer eingehenden linguistischen Untersuchung vorbehalten bleiben.

Zu **Syntax**

Das Rotwelsch verwendet weitgehend dieselbe Syntax wie das Deutsche. Die Struktur eines Satzes erfolgt im Rotwelschen (Jiddischen) nach denselben Regeln. Eine linguistische Untersuchung, wie sie z. B. über die Sprache der Sensenhändler durchgeführt wurde, steht noch aus - falls überhaupt durchführbar, denn es stehen zu wenig Quellen, und wenn, dann nur Sekundärquellen, zur Verfügung.[43]

Zu **Pragmatik**

Die Pragmatik bindet den außersprachlichen Kontext mit ein. Im Sprachgebrauch unterscheidet sich die deutsche Sprache nicht von den jiddischen Sprachelementen, d. h. die Interpretation von sprachlichen Äußerungen und die Analyse von Texten und Gesprächen entspricht weitgehend der deutschen Sprache. Oftmals ist es im Rotwelsch jedoch sinnvoller, nach der logischen Operation zu suchen als nach einer noch so gründlichen etymologischen Analyse – in der Gaunersprache sieht man immer den Geist über den Wortlaut triumphieren.[44]

Die Besonderheit des Rotwelschen liegt eben darin, dass es oftmals einen Verhüllungscharakter aufweist, dass es umschreibt, umspielt und mit Doppelsinn argumen-

---

[43] Vgl. Robert Jütte (1978), S. 74 ff.
[44] Nach Avé-Lallemant (1998), Gaunerthum III, S. 195ff.

tiert – es bedient sich einer uneigentlichen Ausdrucksweise, was sich zusätzlich auch in der non-verbalen Gestik und Mimik widerspiegelt.

Zu **Semantik**

Auch die sprachlichen Ausdrücke (vom Wort bis zu kompletten Sätzen) des Rotwelschen unterscheiden sich nicht von den im deutschen Sprachgebrauch üblichen Regeln. Folgerichtig ergibt sich nach dem Kompositionsprinzip die Bedeutung eines Satzes aus der Bedeutung seiner Einzelteile und der Art ihrer Zusammensetzung im Rotwelschen nicht anders als im Deutschen.

Es bleibt festzuhalten, dass das Rotwelsch keine eigene Grammatik aufzuweisen hat und sich stattdessen den syntaktischen, semantischen Gesetzen und Formen der sprachlichen Umgebung anpasst.

2 Sprachelemente des Wanderhandels

2.1 Die Ermittlung von Sprachelementen

Gehandelt wurde auf vielen Ebenen, in privatem und geschäftlichem Umfeld, bei unzähligen Gelegenheiten – mit oben erwähnten Hausiererwaren, Glaswaren der Spiegelglashütte und solchen Waren von außerhalb. Es war deshalb folgerichtig zu erwarten, dass sich – hauptsächlich im Milieu der Hausierer und Kleinhändler, aber auch bei wohl situierten Handelsmännern, Sprachen bzw. Sprachelemente herausbildeten, die eine allgemeine Verständlichkeit bewusst erschwerten, wenn nicht gar unmöglich machten. Umgekehrt besuchten auswärtige Händler das Gebiet um Spiegelberg und trugen so zum Bekanntwerden rotwelscher Wörter bei. Diese Kaufleute handelten mit Planen, Sensen, Schnürsenkeln, Heringen in Dosen, Salz (Salzgängerei), Bernstein, Stubensand – und Glaswaren. Die Händler spielten sich gegenseitig Tipps und Hinweise zu in der Gewissheit, dass Dritte sie nicht verstehen würden.

Um in dem bis dahin noch nicht erforschten Gebiet um Spiegelberg hierüber Klarheit zu erhalten, hatte das Institut für Landesgeschichte der Universität Stuttgart von Okt. 2000 bis Febr. 2001 im Rahmen eines Hauptseminars eine Feldstudie durch den Verfasser dieser Arbeit durchgeführt.[45] Die Ergebnisse wurden in einer Zulassungsarbeit zum Promotionsstudiengang im Jahr 2005 unter dem Titel *Der Kochemer Loschen* dargestellt.[46]

---

[45] Leiter dieses Hauptseminars waren die Herren Professor Dr. Franz Quarthal von der Philosophisch-Historischen Fakultät der Universität Stuttgart, Leiter des Instituts für Landesgeschichte und Professor Dr. Robert Jütte, Universität Stuttgart, Leiter des medizinisch-historischen Institutes der Robert Bosch Stiftung in Stuttgart.

[46] Manfred Theilacker (2005): Der Kochemer Loschen – Die Kluge Sprache , zur Sozialgeschichte einer Sondersprache des Wanderhandels der Hausierer, Bettler und Viehhändler; aufgezeigt am Beispiel einer Fallstudie in Spiegelberg (Württemberg); Zulassungsarbeit; Landesbibliothek Baden-Württemberg, Signatur: 55a/3035, 2005.
Der Ausdruck *"Kluge Sprache"* hat ihren Ursprung im Hebräischen bzw. Jiddischen. „Kochem" ist abgeleitet vom hebräischen „chakam " („chacham"). Im Jiddischen lautet der Ausdruck „chochem". Die deutsche Übersetzung hierfür lautet *klug , weise*; „Laschon" im Hebräischen bedeutet „*Sprache*". Die jiddischen Worte sind tlw. abgeglichen mit dem Duden:

Sprachelemente des Wanderhandels

Das Ziel der damaligen Feldstudie und die anschließende Aufarbeitung umfasste die Quellenforschung für die Dialektwörter und die Quellen und Herkunftsbezeichnungen der Rotwelschsprachelemente.[47] Dies betraf nicht nur das Händlerwesen im Glashandel, sondern umfasste auch den im Bereich Spiegelberg sehr ausgeprägten Viehhandel, weitere Handelssparten und auch Gastwirtschaften.[48] Die Aussage eines Gastes zu einem Gaswirt *D'Schtub' isch net butzt* bedeutete keineswegs, dass er den Wirt wieder einmal zu einer größeren Reinigung der Stube anhalten will, sondern dass sich ein unbequemer Anwesender im Raum aufhält und man vor Austausch von Informationen dessen Weggehen abwarten sollte.[49]

Die Quellen des Rotwelschen sind vielschichtig.[50] Die heute noch gebräuchlichen Ausdrücke entstammen der Zeit vom Ende des Dreißigjährigen Krieges, deren Wortbestand sich in regionalen Einheiten und in verschiedenen Rotwelsch-dialekten ausgebildet hat. Damit schwand gleichzeitig die einheitliche Bezeichnung Rotwelsch zugunsten der Eigenbezeichnungen wie Manisch, Schlausmen, Bargunsch, Kochemer Loschen, Jenisch. Die Über - oder Unter- bzw. Nebenordnung ist nicht eindeutig. Im weiteren Fortgang der Arbeit wird *Rotwelsch* als Oberbegriff verstanden; die *Rotwelschdialekte* werden dem Begriff des *Kochemer Loschen* zugeordnet.

---

[47] Duden Bd. 24 (1992): Jiddisches Wörterbuch, 2. Aufl., Mannheim 1992; vgl. auch Kapitel 1.4 Begriffserklärungen.
Die beiden Begriffe *Kochemer Loschen* und *Rotwelsch* sind einerseits als Sprache bzw. Sprachelemente zu betrachten und andererseits als deren Verbindung zu sozialen Gruppen mit deren non-verbalen Handeln (vgl. Robert Jütte (1978): Sprachsoziologische und lexikologische Untersuchungen zu einer Sondersprache: Die Sensenhändler im Hochsauerland und Reste ihrer Geheimsprache, in: Zeitschrift für Dialektologie und Linguistik, Beihefte, N. F., Bd. 25, Wiesbaden 1978, S. 11.
[48] Vgl. LAD-BW (1978): Landesarchivdirektion Baden-Württemberg: Das Land Baden-Württemberg, Amtliche Beschreibung nach Kreisen und Gemeinden, 8 Bände, Band III, Stuttgart 1978, Seite 556-557..
[49] Die Redewendung ist im ehemaligen Gasthof Zur Sonne-Post in Spiegelberg, um 1930, gebraucht worden; frdl. Mitteilung der Gastwirtstocher Martha Kress in Spiegelberg, 2001.
[50] Vgl. Christian Efing (2004), S. 33, vgl. Klaus Siewert (1996) *Rotwelsch-Dialekte*, S. 16.

2.2 Abgrenzung Dialekt zu Sondersprache

Das Gebiet der Feldforschung in Spiegelberg und Umgebung ist geschichtlich geprägt vom fränkischen (vor- und vollfränkisch) und dem schwäbischen (alamannischen), teilweise auch noch keltischen Einfluß. Demzufolge haben sich in den umliegenden (Teil-) Orten von Spiegelberg unterschiedliche Mund- u. Redensarten herangebildet, die Elemente des Dialektes des Schwäbischen, Hohenlohischen und Fränkischen aufweisen.

Auch konnte der Dialekt neben landsmannschaftlichen Eigenschaften und zum Schutz vor Fremden oder sonstigen nicht gerne gesehenen Personen eingesetzt werden. Nur Einheimische verstanden ihn und schützten sich so vor Fremden. Sie dienten zur Abgrenzung gegenüber der Umwelt.

Obwohl *reiner Dialekt* nicht zum Umfang des *Kochemer Loschen* gehört, wurde er als Bestandteil der ganzen Sprachelemente mit integriert. Ein weiterer Grund für die Hinzunahme lag darin, dass zum Zeitpunkt der Befragung nicht sofort entschieden werden konnte, ob es sich bei dem genannten Wort um Dialekt oder ein Rotwelsch-Wort handelt. Im Unterschied zur Sondersprache kann der Dialekt die einzige Sprache sein, die ein Mensch *von Natur aus* beherrscht. Er ist keine zweite Sprachform, sondern eine Ur-Sprache. Die Sondersprache muss im Gegensatz zum Dialekt „erlernt" werden. Inwieweit sich Sondersprache und Dialekt gegenseitig beeinflusst haben, lässt sich definitiv nicht beantworten. Es fanden im gesamten schwäbischen Raum ständig Übernahmen und Assimilationen aus dem Rotwelschen statt, so dass in einer Reihe von Wörtern nicht unmittelbar auf einen rotwelschen Sprachstamm geschlossen werden kann.

Die Befragung nach den Rotwelschwörtern ergab automatisch zusätzlich die Nennung der Dialektwörter. Eine wissenschaftliche Recherche, die Bestimmung und Herkunft der geannten Worte erfolgt im Kapitel 6 Herkunftsnachweis der ermittelten Wörter.

3 Fallstudie Spiegelberg

3.1 Ausgangslage

3.1.1 Geografische Lage und Ansicht von Spiegelberg

Abb. 3 Geographische Lage von Spiegelberg :

Die ausgewählte Gemeinde zur Fallstudie war Spiegelberg, das in den Löwensteiner Bergen mittig im Dreieck Obersulm, Murrhardt und Backnang liegt.

3.1.2 Kurze Übersicht über die Geschichte der Spiegelglashütte

Im Jahre 1705 wurde im heutigen Ort Spiegelberg eine Glashütte gebaut, die statt billigem Hohl- und Fensterglas, das die schon vorhandene Glashütte in Jux (heutiger Gemeindeteilort von Spiegelberg) bislang herstellte, hochwertige Spiegel fertigen sollte.[51] Mit dem Absatz des in Jux gefertigten billigen Gebrauchsglases gab es erhebliche Probleme.

Mit dem nun herzustellenden Spiegelglas erhoffte sich der herzogliche Kirchenrat als Eigentümer der Juxer Glashütte bessere Geschäfte in Spiegelberg, doch auch die neue Spiegelglashütte hatte mit einer Reihe von Problemen zu kämpfen (nicht zuletzt mußte dem Pächter der Hütte wegen mangelnder Leistungen im technischen und kaufmännischen Bereich und seines nicht genehmen Lebenswandels bereits 1706 die Hütte abgenommen und neuen Pächtern übergeben werden). Die weitere Geschichte von Spiegelberg ist äusserst abwechslungsvoll und ereignisreich.[52] Im Jahr 2005 feierte Spiegelberg mit einer Reihe interessanter Veranstaltungen und Ausstellungen seine 300-Jahr-Feier.

---

[51] Vgl. auch Manfred E. Theilacker (2015): Kulturgut *Glas und Spiegel*. Wirtschafts- und Sozialgeschichte der Spiegelfabrik Spiegelberg (Württ.). Ein Regiebetrieb des Herzoglichen Kirchenrats; Ostfildern 2015. Vgl. auch Martin Tschepe (2016): Blick in den Spiegel der Geschichte; Stuttgarter Zeitung vom 27. Januar 2016, Nr. 21 Regionalteil Rems-Murr-Kreis; Vorstellung des Autors Manfred E. Theilacker über obige Arbeit.

[52] Vgl. auch Elisabeth Klaper (1996): Heimatbuch Spiegelberg Herausgegeben von der Gemeinde Spiegelberg 1996.

Fallstudie Spiegelberg

Die Postkarte aus dem Jahre 1901 zeigt Spiegelberg, eingebettet in die sanften Hügel der Löwensteiner Berge.[53]

Die Gebäude stellen dar (von rechts oben beginnend):
Bierbrauerei zum Stern
Restaurant zum Hirsch
Altes Rathaus
Gemischtwarengechäft von Kircher

Abb. 4 Ortsansicht von Spiegelberg von 1901

Dieser um das Jahr 1780 gefertigte Spiegel (Blaker) ist einer der letzten nachweisbar vorhandenen Spiegel der *Spiegelberger Manufaktur*.[54] Er war seit seiner Herstellung im Besitz einer Spiegelberger Familie.

Um der Bedeutung dieses wertvollen Gegenstandes gerecht zu werden, übereignete der letzte Eigentümer anlässlich des 300-jährigen Bestehens Spiegelbergs im Jahre 2005 den Spiegel der Gemeinde von Spiegelberg.

Abb. 5 In Spiegelberg gefertigter Blaker

---

[53] Die Karte wurde vom BMA Spiegelberg zur Verfügung gestellt.
[54] Als Blaker wurden solche Beleuchtungsobjekte bezeichnet, die Spiegel zur Widerspiegelung einer Lichtquelle einsetzten, indem man Spiegel mit davor befestigten Kerzen in symmetrischer Anordnung an Wandflächen montierte (Werner Loibl (2012), Bd. 1, S. 287 Die ersten Produkte; DWB (1984), Bd. 2, Sp. 62). Solche Blaker sind zum Beispiel auch im Gaibacher Spiegelkabinett in Unterfranken vorhanden, die von der Spiegelfabrik Lohr gefertigt wurden (Werner Loibl (1984): Die kurmainzische Spiegelmanufaktur Lohr am Main in der Zeit Kurfürst Lothar Franz von Schönborns (1698-1729) in: Glück und Glas – Zur Kulturgeschichte des Spessartglases, München 1984, S. 276). Foto: BMA Spiegelberg.

Fallstudie Spiegelberg

Ausstellung
„Spiegel, Glanz und Feuerschein"
Spiegelberg 2005

Glas ist ein vielseitiger Werkstoff mit einer Jahrtausende alten Tradition. Früher war Glas ein gesuchtes Luxusgut. .

Mit dem Aufblühen der Städte im 15. Jahrhundert und der damit verbundenen Ablösung der ritterlichen durch die bürgerliche Kultur wandelte sich das Glasgefäß zunehmend vom Luxusgut zum Gebrauchsgegenstand. Das Glas wurde damit zum selbstverständlichen Teil des täglichen Lebens. Es wurde hauptsächlich in zwei Arten hergestellt: als **Flachglas** (Fensterglas, Spiegel) und als **Hohlglas** (z.B. Trinkgefäße, Flaschen und Ziergefäße).

Zur **Glasherstellung** werden drei Grundstoffe benötigt: Quarz, Kalk und Pottasche (Flussmittel zur Herabsetzung des Schmelzpunkts). Pottasche wird durch Auslaugen aus Holzasche gewonnen.

Abb. 6 Glas- und Spiegelausstellung 2005[55]

3.1.3 Spiegelberg mit seinen Teilorten

Die Untersuchungen erstreckten sich auf Spiegelberg mit seinen Teilgemeinden. Mit einbezogen wurden aufgrund der engen sozialen und kulturellen Verbindung die Orte Alt- und Neulautern (Teilgemeinden von Wüstenrot/Lkrs. Heilbronn).

Ort und Teilgemeinden	Einwohnerzahl 2000	2010	bekannt seit/ gegründet am	Bemerkungen
Spiegelberg	1022	1132	1705	Spiegelfabrikation 1705-1820; Forstwirtschaft; Silberstollen 1746-1776
Vorderbüchelberg	89	84	1471	Landwirtschaft Forstwirtschaft
Großhöchberg	94	85	1027	
Jux	537	447	1245	(Glashütte ca. 1500) Glas- und Spiegelhütte 1700

---

[55] Ausstellungskonzept: Marianne Hasenmayer, Spiegelberg; linke Textseite: aus Originaltext der Ausstellungsbegleitschrift (Verf.: Marianne Hasenmayer, herausgegeben v. Bürgermeisteramt der Gemeinde Spiegelberg, 2005); Foto: Verfasser.

Fallstudie Spiegelberg

Ort und Teil-gemeinden	Einwohnerzahl 2000	2010	bekannt seit/ gegründet am	Bemerkungen
				bis 1792; Umbau der Glashütte in Jux in eine Spiegelglashütte ab 1717 Wetzsteinstollen
Nassach	250	237	ca. 11./12. Jh.	Holzverarbeitung
Kurzach	46	48	ca. 11./12. Jh.	Forstwirtschaft
Dauernberg	61	53	ca. 1410	(Turmberg) Weiler; „Siedlung auf dem Berg mit dem Turm"
insgesamt	2099	2086		
Altlautern	ca. 10	ca. 14	ca. 750	1488 Glashütte in Altlautern
Neulautern	ca. 600	ca. 530	ca. 1500	1530-1822 Glashütte in Neulautern 1902: 305 Einwohner, davon 46 Händler (15 %); die Neulauterner Händler waren bis 1870 wegen leichter Gaunerei unter Staatsaufsicht

Abb. 7 Einwohnerzahl der Teilgemeinden von Spiegelberg

3.2 Entstehung der Handelsberufsstrukturen

3.2.1 Bildung der Berufsstrukturen

Die geschichtliche Entwicklung erfolgte landesweit (einschl. Spiegelberg) überwiegend in geordneten Strukturen.[56]

Bis Ende des 20. Jahrhunderts hatten diese Berufe innerhalb ihrer Gruppen ein ausgeprägtes Standesdenken. Aus den einzelnen Gruppen entwickelten sich, zur Abgrenzung gegenüber der Umwelt, die Sondersprachen. Diese Sprachelemente setzten sich zusammen aus Hebräisch, Jiddisch, östl. Zigeunersprache (Bulgarien, Rumänien, Slowakische Länder), Jenisch, Manisch, Rotwelsch.

Alle Berufsgruppen entwickelten ein ausgesprochenes Standesbewußtsein (bis Ende

---

[56] Dieses Kapitel wurde innerhalb eines Interviews mit dem stellvertetenden Vorstand (Name aus Datenschutzgründen nicht genannt) des Landesverbandes Baden-Württemberg des Reisegewerbes und der Schausteller e. V. im Jahr 2000 skizziert.

Fallstudie Spiegelberg

des 20. Jahrhundert), nahezu elitär, aber auch Gauner, die wiederum ein erhebliches Klassendenken bewahrten, in das von außen nur sehr schwer einzudringen war. In heutiger Zeit beschränkt sich dieses Klassendenken weitgehend auf die Schausteller (Zusammenhalten, Ehre, Sitte, Anstand, Moral) und entspricht deren Lebensumstände, deren Lebensqualität und ihrem Mit- und Füreinander.[57] Erst in jüngster Zeit (10 – 15 Jahre) hat sich dies gelockert. Gegenseitige Information ist jedoch durch die heutigen Kommunikationsmittel einfacher und schneller geworden und wird intensiv gepflegt. Ein Vorfall, der sich z. B. in Stuttgart ereignet, erreicht in Minutenschnelle Hamburg, Berlin, Wien usw. Gerade im Schaustellergewerbe hat sich - nicht zuletzt auch durch eingeheiratete Privatpersonen - ein gewisser Level des Sprachbildes bis heute erhalten.

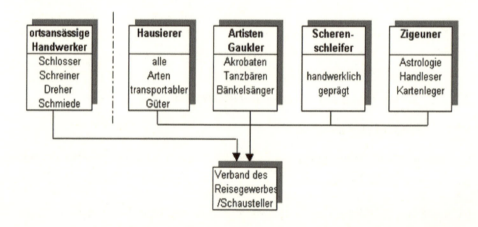

Abb. 8 Händlergruppen in den Löwensteiner Bergen

Obige Berufe bildeten ab Anfang des 18. Jahrhunderts den Stand der Schausteller, in dem alle unterschiedlichen Berufe vereinigt sind. Sie sind heute zusammmengefasst im Landesverband Baden-Württemberg des Reisegewerbes und der Schausteller e. V.

---

[57] Vgl. auch Manfred Theilacker (2002/2003): Lebensqualität als Funktion aus Körper und Geist – Abhandlung über Leib und Seele nach medizinischem Eingriff; erschienen in drei Folgen der Lebenslinien der Selbsthilfe Lebertransplantierter Deutschland e. V., Brühl/Tübingen 2002/2003.

Schausteller bilden eine Sprechergruppe, die auch heute noch berufsbedingt „auf der Reise" lebt, also häufig unterwegs ist.[58] Dies bedeutet, dass die Voraussetzung und Notwendigkeit, eine Geheimsprache zu sprechen, für die Schausteller in noch stärkerem Maße gegeben ist als für andere, ständig sesshaft gewordene (ehemalige) Rotwelsch-Sprecher. Da die Erhaltung der Sondersprache eng an das Umfeld, die Lebensumstände und die Arbeitsweise einer Sprechergruppe geknüpft ist und da diese Lebensumstände sich für die Arbeitsweise der Schausteller nicht in dem Maße geändert haben wie etwa für sesshaft gewordene Wanderhändler und andere typische Sprechergruppen von Rotwelsch-Dialekten, ist davon auszugehen, dass Schausteller auch heute noch regelmäßig aktiv ihre Sondersprache sprechen.[59]

3.2.2 Handel in Spiegelberg und Umgebung

Gehandelt wurde in zwei Richtungen: Händler, die von Spiegelberg aus in die nähere und weitere Umgebung zogen. Sie handelten mit Vieh, gefertigten Holzwaren (vor allem Haushaltsgegenstände wie Holzlöffel, Holzgeschirr), Brennholz, Reisig, Stammholz, Besen, Schindeln, Schubkarren, Rechen, Heu, Waldbeeren, Obst und Christbäumen, Wetzsteinen, später mit Glaswaren, Spiegel.[60]

Zitat aus der Befragung: „Hafa, Deckel, Senkel, Schnür –
alles hat die Luise hier."

Umgekehrt besuchten auswärtige Händler das Gebiet um Spiegelberg und trugen so zum Bekanntwerden rotwelscher Wörter bei. Diese handelten mit Planen, Sensen, Schnürsenkeln, Heringen in Dosen („der Verfolgte kommt wieder"; „Hering so fett wie der Göring"), Salz (Salzgängerei), Bernstein, Stubensand.[61] Die Händler tausch-

---

[58] Vgl. Christian Efing (2004), S. 15.
[59] Vgl. auch Robert Jütte (1978), S. 11.
Auch ein Teil der Räuberbande des Caspar Neumeisters handelte mit Schindeln; vgl. Richard Lauxmann ((1909): Die Räuberbande auf dem Mainhardter Wald 1760-1773. Erschienen im Unterhaltungsblatt der Neckarzeitung Heilbronn 1909, Nr. 1-2, Sonderdruck (masch.) S. 6, WLB-Signatur w. G. qt 358-7.
[61] Sand bildete das Ausgangsmaterial für die Glasherstellung in Spiegelberg. Um sich von der Qualität des Sandes und der übrigen Zutaten zu überzeugen, verlangte der württembergische

Fallstudie Spiegelberg

ten gegenseitig Tipps und Hinweise aus in der Gewissheit, dass Dritte sie nicht verstehen.

Ein Rückgriff auf Archive oder Chroniken war nicht möglich, weil es - im Gegensatz zu anderen Fallstudien (z. B. Killertal) - keinerlei schriftliche Aussagen über den Handel in und um Spiegelberg gab. Auch das Spiegelberger Gemeindearchiv und das Spiegelberger Heimatbuch gaben kaum Hinweise hierauf - schon gar nicht auf eine spezielle Händlersprache. Die Ergebnisse der Fallstudie stammen ausnahmslos aus der Feldforschung selbst.

3.3 Vorbereitungen zur Befragung

3.3.1 Untersuchungsmethoden

Für die empirische Erhebung schied das Verfahren Teilnehmende Beobachtung (Teilnahme an Gruppengesprächen mit oder ohne Moderator) aus. In einem Fall wurde die Indirekte Methode (Weitergabe von Erhebungsformularen) eingesetzt.[62] Hauptsächlich wurde die Direkte Methode angewandt.

Bereits zu Beginn der Untersuchung hat es sich herausgestellt, daß die Anwendung der Onomasiologischen Methode (Beispiel: „Wie sagt man hier zu Glück?") oder die Suggerierende Methode („Kennen Sie für beichten das Wort bemsen?") wegen möglicher Fehlantworten nicht angewandt werden konnte. Allerdings flossen semasiologische Elemente (z. B. „Kennen Sie das Wort Bora?") bei einigen Gesprächsteilnehmern ein.

---

herzogliche Kirchenrat im Oktober 1784 von den Vorstehern der Spiegelfabrik Spiegelberg Proben der verwendeten Materialen; vgl. Manfred E. Theilacker (2015), S. 563-570 und Peter Rückert (2001):Archivnachrichten, Landesarchivdirektion Baden-Württemberg (Hrsg), Nr. 23. Die Archivale des Monats im Hauptstaatsarchiv Stuttgart 2001, S. 3-4.

[62] Vgl. Alfred Klepsch(1996/1999): „Das Lachoudische. Eine jiddische Sondersprache in Franken"; in „Rotwelsch-Dialekte". Symposium Münster 10.– 12. März 1995, herausgegeben von Klaus Siewert (SSF 4), Wiesbaden 1996, Seiten 81-93 und „Aspekte und Ergebnisse der Sondersprachenforschung " – II. Internationales Symposium 28.-31. Mai 1997 in Brüssel, Seiten 56-71, Herausgeber Klaus Siewert und Thorsten Weiland, Wiesbaden, 1999.

Fallstudie Spiegelberg

Der Schwerpunkt hier lag im Freien Gespräch.

Durch das freie Gespräch konnten die Gründe, die zur Erhebung führten, erläutert werden, der Gesprächspartner hatte dadurch die Möglichkeit, sich hierauf einzustellen. Hierdurch traten eine Reihe von Wörtern, Redewendungen, Sprüchen und Ausdrücken zu Tage, deren wissenschaftliche Bedeutung eindeutig einer Sondersprache zugeordnet werden konnten. Aufgrund der problematischen Abgrenzung Dialekt gegenüber den Sondersprachen war teilweise jedoch eine direkteZuordnung unmittelbar nach der Befragung nicht möglich.

3.3.2 Aufbau der Erhebungsformulare

Erhebungsbogen / Interviewformular		7
30.11. Name	Karl-Heinz███	
Alter	ca. 45 Jahre	
Beruf	Viehhändler	
Anschrift	███0, 71579 Spiegelberg	
Telefon	07194███ Handy 0171███	
Bemerkungen	Zufällig beim Löwenwirt███ getroffen am 30.11.00 Terminvereinbarung auf 1.12.00 ehemaliger Gemeinderat und Schultes-Vize	

Dat.	Inhalt		Ergebnis	WV
30.11.	Er hat ein Büchlein mit Sprüchen und Ausdrücken, das er mir kopieren will		nachfassen	erl.
1.12.	Dachshund	= Hund		
	Bora	= Kuh		
	Raibbach	= Gewinn	Wichtig 1.12.00	erl.
	Lobbach	= Verlust		
	broches	= zornig		
	Maschbucha	= Ehefrau	offen	erl.
	Ischa	= Frau		
	Jud	= Viehhändler wollte ein Bauer eine Kuh verkaufen, hieß es: warten, bis der Jud´ kommt (Sulzbach). Ein best. Jude hieß Winter		
	Drokar	= Stichwerkzeug zum Ablassen von Blähungen bei Rindern		
	Juxer	= Messerstecher		
	Ein Besucher, der zufällig während meines Besuchs ein Schwein kaufen wollte, gab den Tip,Rechtsanwalt███████, Tel 0711███ zu befragen (Heimatkunde-Betreiber) in Bärwinkel am Wochenende			

Fallstudie Spiegelberg

> Was kostet das Schwein? = 20 unter
> (= Höchstpreis => Geheimsprache?)
>
> Telefon-Nr. von H.▮▮▮ in Frankreich: 0033/4▮▮▮▮
> H. ▮▮▮▮hem. BM von Spiegelberg, und H.▮▮▮▮▮
> kennen sich gut.
>
> Heftchen „Mathem. Viehwage" mit „Kniffen beim Viehhandel"
> von H. ▮▮▮▮▮ kopiert und mir mitgegeben. **Erschienen ca. 1870!**
>
> **Inhalt hier einfügen:**
> Wurde direkt ünter Punkt 5.2.1 und 5.2.2 und 5.2.3 notiert
>
> Herr ▮▮▮▮▮ ruft am Montag einen Viehhändler aus
> Gärtringen b. Herrenberg an. Er gibt Bescheid.

4.12.	Wegen fehlender BSE-Prüfmöglichkeit liefert der Händler keine Kühe an. ▮▮▮▮ den Händler am 5.12. tel. an und gibt mir dessen Tel. Nr., damit ich ihn selbst anrufen kann.		
6.12.	Der Viehhändler, ▮▮▮▮ konnte von ▮▮▮▮▮▮▮ nicht erreicht werden (Frau vor 1 Jahr an Krebs verstorben, Sohn hat nach ▮▮▮▮▮ Betrieb 6 Wo lang geführt. H. ▮▮▮▮ dran und gibt Bescheid	nachfassen	15.12
20.12.	H▮▮▮▮ meldet sich infolge der BSE-Problematik z. Zt. nicht.		
28.12.	▮▮▮▮▮ ist als ▮▮▮▮ einer Beerdigung		
29.12.	Telefonisch nannte ▮▮▮▮▮ die Tel. Nr. von H. ▮▮▮▮ der **bei einem Juden studiert** haben soll!! Er kennt sich lt. ▮▮▮▮ sehr gut aus s. dort Nr. 57 Ich melde mich auf dem Handy b. H.▮▮▮▮▮▮.12.00 nach dem Termin bei H. →	nachfassen	03.01 2001
30.12.	Konnte den Termin nicht wahrnehmen, war auf dem Schlachthof in Backnang. Neue Terminvereinbarung 1. Januar-Woche 2001	offen	A/01 2001

Abb. 9 Erhebungsformular/Interviewformular[63]

---

[63] Die verwendeten Tabellen und Formulare sind – soweit nicht anders gekennzeichnet – Eigenentwürfe des Verfassers.

- **Kopfteil**

In ihm wurden Name, Alter (zur Auswertung der Altersstruktur) Anschrift, Telefon-Nummer notiert. Im Feld *Bemerkungen* war Platz für das Erfassen von Tipps, Querverbindungen, Bekanntheitskreis usw. Aus Datenschutzgründen wurden die Befragten anonymisiert.[64] Der Kopfteil enthält die Verschlüsselungsnummer, unter der der Befragte in den Auswertungen (als Quelle) geführt wird. Hierdurch ist einerseits die Anonymität der Befragten gewahrt und andererseits eine genaue Rückverfolgung von den Ergebnissen zu den Quellen gewährleistet. Die Zuordnung Identnummer zu Teilnehmern und umgekehrt ist Dritten nicht möglich.

- **Variabler Teil**

Hier konnten nach Eintrag des Datums (Spalte 1) das jeweilige Ereignis (Spalte 2) sowie die Ergebnisse der Gespräche erfasst werden. In Spalte 3 wurde das Datum des Nachfasstermins und in Spalte 4 das Ergebnis der Wiedervorlage notiert.

Die Eintragungen wurden teils maschinell erfasst und teilweise handschriftlich belassen, die personenrelevanten Daten wurden unkenntlich gemacht.

3.3.3 Glaubwürdigkeit der Erhebung

Während den Befragungen wurde intensiv nachgehakt, ob sich die Teilnehmer beim Erinnern oder beim Erkennen von Rotwelschwörtern absolut sicher sind. Nur im positiven Fall wurden die Ergebnisse übernommen, die zweifelhaften Antworten wurden nicht berücksichtigt. Durch diese Vorgehensweise war sichergestellt, dass die genannten Wörter auch tatsächlich in Spiegelberg bekannt waren und gesprochen wurden.

3.4 Ermitteln und Auffinden der Gesprächspartner

Das Auffinden geeigneter Gesprächspartner gestaltete sich nicht einfach. Ausgangs-

---

[64] Die einzelnen Befragten wurden mit Nummern versehen, unter denen sie in den Tabellen auftauchen. Es ist, bei Bedarf, jederzeit eine Zusammenführung der Nummern zu den Personen möglich.

Fallstudie Spiegelberg

punkt der Ermittlungen war das Bürgermeisteramt bzw. das Gemeindearchiv. Letzteres konnte für die weitere Untersuchung keine Anhaltspunkte bieten. Von einer Reihe von Ansprechpartnern wurde eine Anzahl von 64 Adressen für die Bildung eines Beziehungsnetzes gewonnen, das die Grundlage für weitere Nachforschungen darstellte. Dieses Netz erstreckte sich zunächst auf Spiegelberg und die nähere Umgebung, dann bis in den weiteren Umkreis um Stuttgart und schließlich bis Südfrankreich.

Der Einstieg zu den insgesamt 64 Gesprächspartnern erfolgte über drei erst genannte Adressen, wovon zwei weiterführten. Bei den meisten der angesprochenen Betroffenen konnten keine befriedigenden Ergebnisse erzielt werden. Ungefähr acht Adressen halfen bedingt, meist durch Namensnennung. Insgesamt konnten fünf Befragte durch ihr Interesse, Gedächtnis und zum Teil mit Original-Unterlagen konstruktiv weiterhelfen. Deren Aussagen, die im Übrigen weitgehend übereinstimmten und damit für die Ausarbeitung repräsentativ waren, bildeten die Grundlage der Studie.

3.4.1 Ermittlung der Berufs- und Persönlichkeitsstruktur

Berufe	Anzahl
Bürgermeister, auch ehem.	5
Gastronomen/Wirte/Metzger	7
Gemeinderäte, auch ehem.	2
Händler, sonstige, auch ehem.	7
Heimatkundler/Historiker	4
Lehrer	1
Pfarrer	2
Schausteller	3
Verbände/Vereinigungen	2
Viehhändler	2
Personen ohne Zuordnung	29
Befragte insgesamt	**64**

Altersgruppe			Anzahl
	bis	50 Jahre	6
51	bis	55 Jahre	1
56	bis	60 Jahre	5
61	bis	66 Jahre	3
65	bis	70 Jahre	6
71	bis	75 Jahre	4
76	bis	80 Jahre	4
81	bis	85 Jahre	4
86	bis	90 Jahre	3
	über	90 Jahre	0
nicht eingeordnet			28
Befragte insgesamt			**64**

Tab. 1 Berufs- und Altersgruppen der Befragten

Fallstudie Spiegelberg

3.4.2 Beziehungsstruktur der Befragten

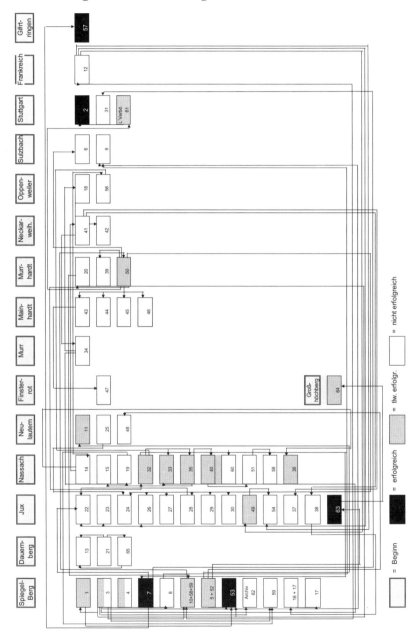

Abb. 10 Beziehungsstruktur der Befragten

Fallstudie Spiegelberg

Durch die vielfältigen Querverweise der Angesprochenen und dem Nachfassen bei genannten und empfohlenen Adressen ergab sich vorstehendes Beziehungsgeflecht. Hierbei ist zu beachten, dass die Adressen in weißen Feldern nicht weiterführten, die in dunkelgrau gehaltenen Felder nur sehr bedingt, und nur die schwarz eingefärbten Felder zu brauchbaren Ergebnissen führten.

Nachfolgende Übersicht stellt die Gesprächspartner vor, die maßgeblich zum Erfolg der Untersuchung beitragen konnten:

Nr.	Beruf/Tätigkeit	mask./ femin.	Bewertung der Ergebnisse
(1)	Schausteller, Händler Karussellbetrieb; Vorstand des Landesverbandes BaWü des Reisegewerbes und der Schausteller e. V.	mask.	Sehr aufschlußreiche Erkenntnisse über die Geschichte des Wanderhandels; Bestätigung einer Vielzahl v. Rotwelschwörtern in Spiegelberg; zusätzliche Wörter genannt
(2)	Pensionär Hobby-Heimatkundler	mask.	Ausgezeichneter Heimatkenner fundierte heimathistorische Kenntnisse. Über Sondersprachen selbst kaum Aussagen möglich.
(3)	Viehhändler in Spiegelberg	mask.	Hervorragende Kenntnisse in Sondersprachen, hauptsächlich im Bereich des Viehhandels. Seit Generationen Familienbetrieb, auch Dokumentation hierüber.
(4)	Ehem. selbständiger Dreher in der Umgebung von Spiegelberg	mask.	Guter Heimatkenner; kannte eine Reihe von Sprachelementen.
(5)	Betriebsführerin Hobby-Heimatkundlerin hauptsächl. Glasindustrie	femin.	Konnte durch eine Reihe von Querverbindungen neue Quellen erschließen; ermittelte eine Reihe von Sprachelementen.
(6)	Wirt in einem Teilort von Spiegelberg	mask.	In seiner Gastwirtschaft durch Zufall einen weiteren Ansprechpartner getroffen; sehr kooperativ.
(7)	Ehem. Gemeinderat	mask.	Trotz seines Alters gute Kenntnisse für die Recherche.
(8)	Viehhändler in Gärtringen häufig in Spiegelberg	mask.	Ging zu einem Juden 20 Jahre lang „in die Lehre"; verfügte über sehr fundierte und umfangreiche Kenntnisse während der unterschiedlichen Befragungsmethoden.

Fallstudie Spiegelberg

Nr.	Beruf/Tätigkeit	mask./ femin.	Bewertung der Ergebnisse
(9)	ehemaliger Wirt und Metzger in Spiegelberg	mask.	Nannte viele Wörter im Gespräch und legte eigenhändig geschriebene Notizen aus früherer Zeit vor.

Tab. 2 Die maßgeblichen Gesprächspartner

3.4.3 *Ein* wichtiger Informant (Viehhändler und Metzger)

Einer der Befragten – Nr. (3) obiger Tabelle – blickt auf eine lange Tradition zurück. Seine Vorfahren betätigten sich nahezu ausschließlich als Viehhändler und Metzger. Er selbst ist ebenfalls in diesen Berufen tätig.

Von ihm stammen eine ganze Reihe von Wörtern, Hinweisen und vor allem von Informationen bezüglich der Gepflogenheiten beim Viehhandel früherer Zeiten. Wiederholt hat er darauf hingewiesen, dass – vor allem das Herrichten der Tiere zum Verkauf– nach wie vor praktiziert wird (zumindest in Teilbereichen).[65]

Intensives Sammeln und Archivieren des Umgangs mit typischen hebräischen/jiddischen Sprachelementen seiner Vorfahren. betreibt er als Hobby. Er besitzt eine Reihe von Originalunterlagen.

Die Ausführungen zum sozialen Verhalten der Viehhändler vor und während der Verkaufsgespräche stützen sich vorwiegend auf Informationen dieses Informanten. Diese wurden von 2 weiteren Kollegen bestätigt.[66]

Die nebenan abgebildete Verpackungstüte aus dem Beginn der 50-er Jahre des 20. Jahrhunderts mag dies veranschaulichen. Bemerkenswert ist die Telefonnummer Spiegelberg 89, einer der ersten Telefonanschlüsse in Spiegelberg überhaupt.

Abb. 11 Metzger-Verkaufstüte ca. 1950

---

[65] Vgl. Kapitel 4.4.4.3 Viehhändlerkniffe.
[66] Vgl. Kapitel 4.4 Das soziale Handeln/aufgezeigt am Beispiel des Viehhandels.

Fallstudie Spiegelberg

3.4.4 Weitere Mengenangaben

Festzuhalten wäre noch, daß sich die Befragten auf 46 männliche, 16 weibliche Personen sowie auf 2 Institutionen/Verbände verteilten. Hierzu waren ca. 40 Vor-Ort-Besuche, ca 2.000 km Wegstrecke und ca. 150 Telefonate notwendig.

3.4.5 Aufbau der Auswertungstabellen

Der grundsätzliche Aufbau der Auswertungstabellen wird am Beispiel *vorgelegter Wörter* dargestellt:

lfd. Nr.	Quellen							Rotwelsch	alternativ	Genannte Bedeutung
Sp.1	Spalten 2 – 8							Spalte 9	Spalte 10	Spalte 11
(1)		7					57	taufel	alt	
(2)		7	63		40	54	57	Mores		Angst
(3)	53	7	63	11	40	2	57	malochen		schw. arbeiten
(4)		7					57	Kafreime	Kaffreyme/ Kafriner	Bauer
(5)		7					57	bemschen		beichten; negativ, ironisch angewandt
(6)		7						benschen		beten
(7)		7								Bett
(8)	53	7		2						
(9)	53									
(10)		7								
(11)	53	7								
(12)										
(13)										

Abb. 12 Muster der Auswertungstabellen

- Spalte 1   laufende Nummer
- Spalte 2 bis 8   Angaben der Quellen in Ziffern;
  hinter den Ziffern verbergen sich die an der Befragung teilnehmenden Personen. So ist jederzeit ein Rückgriff auf die Urbelege der Erfassung möglich. Aus Daten-

- Spalte 9   schutzgründen wurden die Befragten durch Nummern anonymisiert
- Spalte 9   wiedererkanntes Rotwelsch-Wort
- Spalte 10   hier konnte der Befragte seine ihm bekannte Schreibweise angeben, die er als die gängige ansah
- Spalte 11   Diese Spalte gibt die dem Befragten bekannte Bedeutung an, die u. U. von Nennungen bzw. „Original-Bedeutungen" (vgl. Tabelle 19: Etymologie der Rotwelschwörter) abweichen kann

Mehrfachnennungen

Es wurde darauf geachtet, pro Nennung eine möglichst große Anzahl von positiven Stimmen zu vereinen. Es gilt: je mehr Teilnehmer an der Befragung sich an ein bestimmtes Wort erinnern, desto sicherer ist die Autenthizität, dass das Wissen über den ehemaligen Gebrauch dieser Wörter vorhanden ist.

4 Durchführung und Ergebnisse

4.1 Allgemeine Hinweise

Es war schon erstaunlich, welche Antworten auf die Frage nach Kenntnissen über Rotwelsch teilweise gegeben wurden:

> *„Ich habe nur eine kleine Rente; ich kann Ihnen nicht helfen."*
> *„Sagt mir nichts."*
>
> *„Sagt mir etwas, aber ich weiß nichts. Aber der oder der könnte etwas wissen."*
> *„Sagt Ihnen Reibach etwas?" (Gegenfrage eines Befragten) - „Ja". „...aber auch Lobach?" - „Nein." – „Lobach ist der Verlust!"*

Schon zu Beginn der Befragung zeigte sich, daß zwar großes Interesse an der Untersuchung bestand, sich die ergiebigen Quellen allerdings nur auf wenige Bürger beschränkten (von den Befragten konnten 27 Personen den Begriff Rotwelsch nicht einordnen).

Die Ergebnisse der Feldforschung werden in unterschiedlichen Kategorien dargestellt. Zum einen erfolgt eine Übersicht über den Grenzbereich zwischen *Mundart* und *Rotwelsch*, zum anderen über *allgemeine Rotwelsch/Hebräische Sprachelemente* und *Redewendungen* in Spiegelberg und zum dritten die *Spezielle Händlersprache* beim Viehhandel.

Spiegelberg und Umgebung liegen im Grenzgebiet der schwäbischen und fränkischen Mundart. Eine gewisse Eigenheit ergibt sich daraus, dass aus anderen Dörfern in die Gemeinden der Umgebung eingeheiratet wurde und deren Dialekt und Bezeichnungen bei der Kleinheit der Dörfer zum Teil aufgenommen wurde. Diese Aussage trifft auf Nassach, einem Teilort Spiegelbergs, aufgrund von historischen, in Privathand befindlichen Unterlagen zu, ist jedoch als beispielhaft für die Verbreitung und Assimilation von Dialektwörtern anzusehen.[67]

---

[67] Diese Unterlagen wurden von der Nr. 19 der Befragten zur Verfügung gestellt.

Durchführung und Ergebnisse

Aus Gründen der Übersichtlichkeit werden die Ermittlung der Dialekt- und Rotwelschwörter sowie deren Etymologie in jeweils zwei getrennten Tabellen dargestellt.

4.2 Ermittelte Dialektwörter

4.2.1 Nennung Dialektwörter

In nachfolgender Tabelle werden zunächst die ermittelten Dialektwörter mit der anonymisierten Nennung des Gesprächspartners und der Bedeutung der Wörter aufgeführt. Die etymologische Herkunft ist in Kapitel 6.1 aufgeführt.

lfd Nr.	Quellen (Informanten anonymisiert)								Dialektwörter	Bedeutung
1	Spalten 2 bis 9								Spalte 10	Spalte 11
(1)	1								a Stimm wie a Erbelham	eine dünne Stimme haben
(2)	1								achiern	ärgern, spötteln
(3)	1								allbot	hie und da
(4)								54	angerscha	Futterrüben
(5)				16					Anwalt	Ortsvorsteher
(6)								59	Anwander/Owander	Böschung, Wiesenrain
(7)								58	Aqua	Wasser – zum Wurst strecken [68]
(8)	1								Baiala	kleines Handbeil
(9)		11							bizikel	Fahrrad
(10)		11							Blomol	blauer Fleck
(11)			10						Blud	ausgeschnittenes Kleid
(12)	1								Brächhälder	Fastnachtsnarr
(13)	1								bräga	heulen
(14)			10						Brema	Insekten (Bremsen)
(15)			10						Brestling	Erdbeeren
(16)					35				Bütte	Weinbehälter auf dem Kopf/Wagen [69]
(17)			10						Buttola	Ohrringe
(18)	1								d´Stub isch net k´ehrt	ungebetene Gäste sind

---

[68] Wasser wurde mit Vorliebe zum Strecken der Wurst verwendet – dies wurde durch mehrere der Befragten ausdrücklich bestätigt.
[69] Das Wort Bütte wurde auch für Behältnisse mit anderer Verwendung gebraucht(z. B. Häfen-Bütten); vgl. A 498 Bü. 11 a Qu. 6 v. 12.6.1728 Die Glashütte in Lautern und die Fabrik Spiegelberg betreffend.

Durchführung und Ergebnisse

lfd Nr. 1	Quellen (Informanten anonymisiert) Spalten 2 bis 9								Dialektwörter Spalte 10	Bedeutung Spalte 11
(19)			10						daudaman	anwesend jd. benimmt sich wie ein Clown, Kasper; ist hypernervös
(20)					35				Dengl	Schärfstein zum Schleifen
(21)	1								dr Welfling noch kafa	wohlfeil, billig kaufen
(22)	7	57						63	Drokar, Drocker, Trokar	Stichwerkzeug gegen Blähbauch b. Vieh
(23)					35				Ehm	Stander = großer Bottich mit eingeschlagenen Nägeln als Maßeinheit für je 10 Liter
(24)					35				Eimer	Faß mit 300 Liter Inhalt
(25)			10						ember, imber	Doernen = Himbeeren
(26)	1								Falma	Pappel
(27)							59		Fernde	altes Huhn
(28)		11							Fund	schlechtes Licht
(29)	1								Gaggalich	Eier
(30)						48			Gebbelhahn	Antrieb (zur Futterschneidmaschine)
(31)			10						Gelveigel	Goldlack (Blumenart)
(32)			10						Glowa	Pferd, Gaul
(33)				19					Glufa	Steck-, Sicherheitsnadel
(34)				19					Gollicht	Kerze
(35)							53	63	Grondele (Gondele)	Kaufmann (aus Jux)
(36)	1								Guggause	Tüte
(37)		11							Gumba	plötzl. Vertiefung des Bachs
(38)	1								Häffza	Hagebutten
(39)		11							Halbwoag	Befestigung zum Wagscheit
(40)		11							Hausehre	Hausgang
(41)			10						Hommel	Stier
(42)	1								Huddlich	kleine Betten
(43)						50			Hundsfresser	Einwohner v. Schloßberg/Bopfingen[70]
(44)	1								Jagin	Jagst von kalt (keltisch)
(45)		11							Jöchle	Joch (Zusammenh. v. 2 Leitern)
(46)	7							63	Jud	Händler, Viehhändler
(47)	7							63	Juxer	Messerstecher
(48)	1								Kak	Kocher von krümmen

---

[70] Vgl. hierzu auch Jörg Bergemann (2012): Das Schloßberger Jenisch, Studien zu Überlieferungslage und zum Wortschatz, Hamburg-Münster 2012, passim.

Durchführung und Ergebnisse

lfd Nr.	Quellen (Informanten anonymisiert)								Dialektwörter	Bedeutung
1	Spalten 2 bis 9								Spalte 10	Spalte 11
										(keltisch)
(49)							54		Karsch, Karst	U-förmige Harke
(50)							59		Kauder	Truthahn
(51)			13						Kauderwelsch	Unsinn
(52)					19				Keitel	männl. Taube
(53)		11							Ketze	Butte
(54)							59		Klifle	Stecknadel
(55)						35			Koller	unzufriedener Mensch
(56)		11							Kuhk´omat	Kuhgeschirr
(57)		11							Kumpf	Wetzsteinbehälter
(58)			10						Labschießer	Vorrichtung zum Broteinschieben
(59)	1								Ladern	Leiter
(60)			10						Lambarie	Umrandung, Stuck
(61)							59		Latzel	Zaumzeug der Pferde
(62)	1								Leib von Ecke	Burgecke
(63)					19				Madengala	Schlüsselblume
(64)			10						Mike	Wagenbremse
(65)	1								mit gära tu	aus Absicht tun
(66)						35			Morgen	3 Morgen = 1 ha 1 Tagwerk = 22 a (bayr.) 1 Tagwerk = 33 a (schwäb.) 1 Morgen = 1 Tagwerk = Platz, den 1 Pferdegespann (2 Pferde) an einem Vormittag umpflügen kann
(67)			10						Naftolin	schlecht aussehen „Du siehst heute aus wie der Naftolin"
(68)	1								niweln	leicht regnen
(69)			10						orschel	sich daneben benehmen
(70)	1		10						Padder, Potter	Halskette, Schmuckkette
(71)		11							Plätz	verkrustete Narbe
(72)			10						Prauverst	Brombeeren
(73)	1								raffeln	schwätzen
(74)	1								Ragallie=Dos (Oos)=Aas	böses Weib
(75)	1								rallig	läufig
(76)	1								rängern, rengern	der Schlitten dreht sich
(77)			10						rendern	spinnen, verrückt sein
(78)		11							Riester	mit Fleck geflickter Schuh
(79)			13						Rindsbeutel	Einer, der die Geschlechtsteile beim Vieh verwechselt (hat), Schimpfwort
(80)			10						romsen	läufig sein

Durchführung und Ergebnisse

lfd Nr.	Quellen (Informanten anonymisiert)								Dialektwörter	Bedeutung
1	Spalten 2 bis 9								Spalte 10	Spalte 11
(81)	1								Rot	riden von rad = rasch dahinfließend
(82)							50		Schiffschaukler	Sammelbegriff für Schausteller
(83)		11							Schlurger	nicht den Fuß hebender Geher
(84)						35			schmauchen	rauchen
(85)						35			Schocker	Heuhaufen
(86)						35			Schöckle	kleiner Heuhaufen
(87)	1								Schreiwas	Schriftstück
(88)	1								Seidafordel	Kiefer
(89)	1								sich an B'hulf gäwe	sich eine Hilfe geben
(90)	1								Spitzerle, Spritzerle, Fahna, Schwips, Schiggar, Mostkappe, Affa, Bumbas, Balla, Ballo	Rausch
(91)		11							Steiberer	Baumstütze
(92)			10						Stepper	Kartoffelbrei
(93)	1								Stierrum	Eierhaber (Kaiserschmarrn)
(94)						35			Streubäke	zerkleinertes Tannenholz
(95)	1								Tauber, Bühler	Bilera, glänzend (keltisch)
(96)	1								Trigganing	Trockenheit
(97)	1								Vorsitz	Besuch bei den Nachbarn
(98)							50		Vorsitz	Bänkle vorm Haus
(99)						35			Welle	Reisigbüschel mit starken Prügeln, 100 Wellen entsprechen 2 qm schwachem Brennholz. Von Bauern angefertigt u. im Tal verkauft
(100)								59	zackern	umpflügen
(101)					53	35			Zahner/Zaine	Weidenkorb
(102)	1								zemmeln	kleine Zweige als Futter abschneiden

Tab. 3 Ermittelte Dialektwörter[71]

---

[71] Neben diesen genannten Dialektwörtern traten noch eine Reihe Wörter auf, die im Zusammenhang mit dem Betrieb der Spiegelfabrik 1705-1792 gebräuchlich waren, wie z. B. Umbgeld = Umgeld, Ungeld - eine Art Verbrauchssteuer auf Lebensmittel. Vgl. Krünitz (1810), Bd. 194, S. 314 (Umgeld). S. auch A 282 Bü. 2421 fol. 31 v. 20.1.1707: Decretum an die frstl. Rentkammer von Spiegelmeister Gundelach (Antrag auf Unterlassung der Einforderung von Zoll und Umbgeld).

Durchführung und Ergebnisse

4.2.2 Zusammenfassende Mengenangaben

Befragte(r) lfd. Nr.	Anzahl Dialektwörter
1	33
7	3
10	19
11	19
13	2
16	1
19	5
35	13
48	2
50	5
53	1
54	2
57	1
58	1
59	6
63	4
Gesamtanzahl mit Mehrfachnennung	**117**

Häufung/Nennungen pro Wort	Anzahl Dialektwörter
1-fach	97
2-fach	4
3-fach	1
Gesamtanzahl o. Mehrfachnennung	**102**

Tab. 4 Summne der ermittelten Dialektwörter

4.3 Ermittelte Rotwelschwörter

4.3.1 Wiedererkannte Rotwelschwörter

Die Fragestellung lautete: *Kennen Sie die Ihnen hier vorliegenden Ausdrücke?* (Semasiologische Methode).

Insgesamt 7 Personen wurde eine Liste mit 170 Rotwelschwörtern vorgelegt, die sie zum Teil wiedererkannten. Die Befragten versicherten auch hier, dass diese Wörter in der Region in früheren Zeiten, vorwiegend von den Händlern, gesprochen worden sind.[72]

---

[72] Wortquellen: Seminarunterlagen Hauptseminar 2000/2001 an der Universität Stuttgart; Friedrich Kluge (1987) passim.

Durchführung und Ergebnisse

Wiedererkannte Rotwelschwörter (sortiert nach deutscher Bedeutung):

lfd. Nr. Sp. 1	Quellen Spalten 2 – 8							Rotwelsch Spalte 9	Andere Schreibweise Spalte 10	Genannte Bedeutung Spalte 11
(1)	53	7	63	2	11	40	57	Malocher		(schwer arbeitender) Mensch
(2)		7					57	taufel		alt
(3)		7	63			40	54	57 Mores		Angst
(4)	53	7	63	11	40	2	57	malochen		arbeiten
(5)		7					57	Kafreime	Kaffreyme/ Kafriner	Bauer
(6)		7					57	bemschen		beichten; negativ, ironisch gemeint
(7)		7					57	benschen		beten
(8)		7					57	Mitte		Bett
(9)		7					57	beriweln		bezahlen
(10)	53	7		2			57	beschulmen	bescholmen	bezahlen
(11)	53							Schaicher		Bier
(12)		7						Rödling		Blut
(13)	53	7						funken		brennen
(14)		7					57	Liächmen		Brot
(15)	53	7						Wasserschnall		Brotsuppe
(16)		7						Aches		Bruder, der auf dem Hof geblieben ist - im Gegensatz zum fortgezogenen Bruder
(17)		7						Burgefieker	Bürgesieker	Bürgermeister
(18)	53	7					57	Baukert		Bürgermeister, Ortsvorsteher
(19)	53						57	Pachert		Bürgermeister
(20)					11		57	Gemme		Butter
(21)		7						Gefahr	Gefar	Dorf (groß)
(22)	53	7		2	11	40	54	57 Kaff		Dorf (klein, ärmlich)
(23)	53	7						Schund		Dreck
(24)	53	7						schundig		dreckig
(25)	53	7			11	40	54	63 Duppes	Duppel	Dummkopf
(26)							57	Faitzker		Ei
(27)	53	7						Rutsch		Eisenbahn
(28)	53				11	40	54	57 fuggen	fuggern	erbetteln
(29)		7					57	Gamores		Esel
(30)		7					57	Achile		Essen
(31)	53			2			57	achilen		essen
(32)	53	7						bicken		essen
(33)		7					57	klemmen		essen
(34)	53	7						Mansche		Essen
(35)		7						Bröer		Fabrikant
(36)	53							Feneter		Fenster

Durchführung und Ergebnisse

lfd. Nr. Sp. 1	Quellen Spalten 2 – 8						Rotwelsch Spalte 9	Andere Schreibweise Spalte 10	Genannte Bedeutung Spalte 11
(37)		7					Griffling		Finger
(38)		7				57	Lauser		Fisch
(39)		7				57	Buser		Fleisch; „hat gutes Fleisch", z. B. kräftige Schenkel
(40)		7					Sprenker		Floh
(41)		7					Gük	Jük, Yuik	Frau
(42)	53	7					Goje		Frau
(43)		7				57	Gemme		Frau, Lebewesen weibl. Geschlechts (stadt-/dorfbekannt)
(44)	53	7					Trittling		Fuß
(45)	53	7					Furschett		Gabel
(46)		7				57	holgen		gehen
(47)			2				brobe	kniffen	geknifft - gut verkauft
(48)	53	7	2	11	40	54	57 Kies		Geld
(49)	53	7	2	11	40	54	57 Schotter		Geld
(50)	53	7					57 Masummen		Geld
(51)		7		54	40		57 Zaster		Geld
(52)	53	7			40		schwarz werden		Geld abnehmen, anlügen, verkohlen
(53)		7					57 Jackes		Geld, Kaufpreis
(54)		7					Kiesreiber		Geldbeutel
(55)		7					Dreywer	Seileker	Gendarm
(56)		7			53		57 doffte Massematte		Geschäft, gutes Geschäft
(57)	2	7					Schocken		Geschäft; kleine Heuhaufen
(58)	2	7					schocken		Geschäfte machen
(59)		7					57 Bemsche		Geschäftsbuch, Notizbuch
(60)		7					57 Jask		Gewerbe
(61)		7					57 Jak		Gewerbeschein
(62)	53	7	2	11	40	54	57 Reibach	Rebbach	Gewinn
(63)		7					57 Geyling	Görgel	Glas
(64)	53	7					Schoppen		Glas, ½ L
(65)	53	7	63		40		57 Massel	Ruts	Glück
(66)	53	7					Glucker		Goldstücke
(67)							57 guatballes		gottlos
(68)		7					grandig		groß
(69)		7					57 harbe		groß / Mensch, der mit Vorsicht zu genießen ist; gerade noch zumutbar

Durchführung und Ergebnisse

lfd. Nr. Sp. 1	Quellen Spalten 2 – 8							Rotwelsch Spalte 9	Andere Schreibweise Spalte 10	Genannte Bedeutung Spalte 11
(70)		7						harbe Mauken		große Stadt
(71)		7	2				57	doff		gut
(72)							57	Äausker		Gutsbesitzer
(73)	53	7					57	Masematte		Handel
(74)		7					57	Schaiz		Handelsmann
(75)	53	7						Langohr		Hase
(76)		7					57	Bais		Haus
(77)		7						Kiffe		Haus
(78)		7						fittern		hausieren
(79)		7						lekiechen		heiraten
(80)		7						Kassäauer	Kassaier	Hemd
(81)					40			fünkern, feuern		hinausfeuern, jdn.
(82)		7	63	11		54	57	Sproke	Sprokel	Holz, Holzabfall
(83)			63					lünsen		hören
(84)	2	7						Kailach	Kailof	Hund
(85)	53							Karböuske	Karbeuske	Hut
(86)		7					57	ken		ja
(87)	53	7						Schokes		Kaffee
(88)							57	Kanoiwese	Karnaiwesen	Kartoffeln
(89)	53	7			40	54		Grombira		Kartoffeln
(90)		7					57	Doffmausk		Katholik
(91)		7					57	Tiffel		Kirche
(92)		7					57	kuchem	kochem	klug, helle sein
(93)		7					57	Schlieches	Schliach	Knecht
(94)	53	7	63				57	Kaschemme		Kneipe, billige
(95)		7	63	2	40	54	57	Spelunke		Kneippe, üble
(96)		7					57	Mailach		König
(97)		7					57	Beheyme	Behemes	Kuh
(98)		7						stroiben		laufen
(99)		7					57	Koller		Lehrer
(100)		7					57	Schäf	Schaef	Mädchen
(101)							57	Scheyf		Mädchen
(102)		7					57	Massörsche		Magd
(103)	53	7					57	Schails	Schaels	Mann
(104)	53						57	Finse	Schuck	Mark /100 Mark = Mailachs Finse
(105)		7					57	Sachmer		Messer
(106)		7					57	Fetzger	Kazov, Kazuv	Metzger
(107)							57	Rachejoiner		Müller
(108)		7					57	Ettesche		Mutter
(109)		7	2				57	lau		nein, nicht viel
(110)		7						Dommert		Ofen
(111)		7						Bachert	Pachert	Ortsvorsteher
(112)							57	Müker		Pastor
(113)	53	7					57	Gallak	Pope	Pfarrer

Durchführung und Ergebnisse

lfd. Nr. Sp. 1	Quellen Spalten 2 – 8						Rotwelsch Spalte 9	Andere Schreibweise Spalte 10	Genannte Bedeutung Spalte 11
(114)	7						Keyle		Pfeife
(115)	53	7	63			57	Zossen	Suß	Pferd
(116)			63				massakrieren		plagen, jdn. wehtun
(117)		7					Fieche	Treiber	Polizist
(118)			63				Mauke		Predigt
(119)			63				mauken		(Straf-)Predigt halten
(120)		7				57	Schäaufelmausk		Protestant
(121)		7	63				päffen	paffen	rauchen
(122)			63				Palmer		Raucher, starke
(123)		7				57	Dusmen		Rock
(124)		7				57	päaufen		schlafen
(125)		7	63	11			Massmattuken		Schlägerei, kleine; Scharmützel
(126)	2						kochem	kochum	schlau
(127)		7				57	Barböusker		Schmied
(128)		7				57	Genesairem		Schnaps
(129)		7				57	hiäspeln		schreiben
(130)		7					geyf		schuldig
(131)		7					raffeln	käffeln	schwätzen
(132)		7				57	Kasser		Schwein
(133)		7				57	Fäauke		Sense
(134)		7	63		40		hespeln	(ver)haspeln	sich in Widersprüche verwickeln
(135)		7				57	Walemachoiner		Soldat
(136)	2	7				57	dibbern		sprechen
(137)		7					Mäauken	Mauken	Stadt
(138)		7					kleines Maukendingen		Stadt, klein
(139)	53	7	63	11	40	54 57	bedüchen	betucht	vermögend/gut situiert
(140)		7	63		40		Auscher, Üscher		Reichtum
(141)					40		Karbauske		Wort bek; Beudeutg. ihm unbek.
(142)		7					Damp		Zechpreller, jemand, der kein Geld zum Bezahlen hat

Tab. 5 Wiedererkannte Rotwelschwörter

Zusammenfassung/Auswertung

Befragter lfd. Nr.	Erkannte Wörter
2	17
7	118

Häufung pro Wort	Anzahl Nennungen
1-fach	46
2-fach	64

Verhältnis der vorgelegten zu den erkannten Wörtern	
Anzahl der Wörter lt.	in v.H.

Durchführung und Ergebnisse

11	11	3-fach	14	Vorgelegter Liste	170	100
40	18	4-fach	5		
53	42	5-fach	4		
54	11	6-fach	2		
57	80	7-fach	7		
63	22				
Gesamtanzahl mit Mehrfachnennung	319	Gesamtanzahl ohne Mehfachnennung	142	Zahl der erkannten Wörter	142	84

Tab. 6 Summen wiedererkannter Rotwelschwörter

Diese Tabelle ist nicht abschließend. Da es sich hierbei lediglich um vorgelegte Wörter handelte, ist zu vermuten, dass noch weitere Rotwelschwörter in Spiegelberg gebräuchlich waren. Immerhin konnten 84 % der vorgelegten Wörter (absolut = 142 Wörter) einwandfrei identifiziert werden.[73] Eine Reihe von Informanten konnte sich an eine Vielzahl von Wörtern erinnern und einzelne Wörter erhielten bis zu 7 Nennungen.

4.3.2 Frei genannte Rotwelschwörter

Den Befragten wurden in der Regel 2 Fragen gestellt:

Frage: *„Welche Rotwelsch-Ausdrücke kennen Sie?"*
Frage: *"Kennen Sie außerdem noch die Ihnen hier vorliegenden Ausdrücke?"*

Die einzelnen Wörter zitierten die Befragten spontan bzw. erkannten sie wieder. Alle Befragten versicherten, daß sämtliche nachstehenden Antworten authentisch in Spiegelberg und Umgebung angewandt und gesprochen worden sind.

Die nachfolgende Tabelle 7 enthält nur frei genannte Wörter (aus dem Gedächtnis, Unterlagen). Diese Tabelle ist nicht abschließend. Es ist zu vermuten, daß noch weitere Rotwelschwörter in Spiegelberg gebräuchlich waren und den Befragten lediglich spontan nicht einfielen. In Tabelle 5 sind diejenigen Wörter aufgeführt, die aufgrund einer *vorgelegten* Liste wiedererkannt wurden.

---

[73] Die Gesamtsummen der in Spiegelberg bekannten Rotwelschwörter sind in Kapitel 5.1 Gesamtübersicht der Untersuchung in Zahlen dargestellt.

Durchführung und Ergebnisse

Der Informant mit der ID-Nr. 57 ergänzte eine Reihe vorgelegter Wörter, die andere Teilnehmer genannt hatten. Darüberhinaus interpretierte er sie nach seiner Kenntnis als Viehhändler.

Antworten (sortiert nach deutscher Bedeutung):

lfd. Nr.	Quellen							Rotwelschwörter	Bedeutung
Sp.1	Spalten 2 bis 8							Spalte 9	Spalte 10
(1)						7		Meihemer	100 Mark-Schein
(2)	2							Riese	1000 Mark
(3)	2					7		Heiermann	5 Mark
(4)							57	Malbich	Anzug, schöner A.
(5)					53		57	schinäglen	arbeiten
(6)	2					7		dalles	arm, schrottreif, nicht gut
(7)							57	Menaiem	Augen
(8)					53			Naem	Augen, schöne A.
(9)						7	57	Machulla	Bankerott
(10)						7	57	laff machulle	bankrott sein
(11)						7	57	Kaffreyme/Kafriner	Bauer
(12)						7	57	marama	betrügen, belügen
(13)					53		57	meschumeln	bezahlen
(14)						7	57	maschulme	bezahlen; auszahlen
(15)								Schaicher	Bier
(16)					53			Scheachem	Bier
(17)	2					7	57	mäzie, chip	billig
(18)	2					7		link	böse
(19)					53			Duk	Bosheit
(20)						7		Kalle	Braut
(21)	2							nablo	dumm
(22)					53		57	Achilon	Essen
(23)	2					7		kahlen	essen
(24)						7	57	Kasorem	Fehler
(25)					53		57	jamule	fest
(26)						7	57	Busser (Buser)	Fleisch
(27)						7	57	fifrach	fortgehen
(28)							57	zumsuden	fortgehen
(29)	2							teilache	fortgehen, schnell fortgehen
(30)					53			Goje	Frau
(31)	2					7	57	Ische	Frau
(32)	2					7		Moss	Frau
(33)	2					7		Schickse	Frau
(34)						7	57	Maschbucha	Frau, Ehefrau
(35)					53			Emma	Frau, kleine
(36)	2					7		Klunt	Frau, schlechte; Hure, leichte

Durchführung und Ergebnisse

lfd. Nr.	Quellen					Rotwelschwörter	Bedeutung
Sp.1	Spalten 2 bis 8					Spalte 9	Spalte 10
							Dame
(37)	2	7				Scheges	Freund
(38)			53		57	hakel laf	ganz schlecht
(39)		7			57	Oreff	Garantie
(40)		7			57	Massummen	Geld
(41)	2	7				Loby, Lobby	Geld
(42)	2	7			57	kochem/kuchem	gescheit
(43)	2					Gary	Geschlechtsteil, männl.
(44)	2	7				Mensch	Geschlechtsteil, weibl.
(45)			53		57	Scheiges	Geselle, Arbeiter
(46)			53		57	Bonem	Gesichts-Fratze
(47)		49	7		57	Reibach	Gewinn
(48)		7			57	Erach	Gewinn, Preis
(49)		7			57	Refach	Gewinn, Profit
(50)			53		57	Reiwach	Gewinn, Verdienst
(51)		7				balle	gottlos
(52)		7			57	laff häffig	gut reden
(53)	2	7				hegen	haben, pflegen
(54)		7				Jud	Händler, Viehhändler
(55)		7			57	Bajes	Haus
(56)		7			57	schitischen	heiraten
(57)		7			57	schittige	heiraten
(58)		7				nossen	hergeben
(59)	2	7				gackli	Huhn
(60)	2	7			57	Keilof, Keilov	Hund
(61)	2					bockolo	Hunger, großer
(62)	2					Malebusch	Hut, schöner Hut
(63)	2	7				Kufferei	in eine Schlägerei verwickelt
(64)			53			Schogglamaem	Kaffee
(65)		7		58	57	Ekele/ Eigele	Kalb
(66)	2	7				Galm	Kind
(67)			53			Ilet	Kinder
(68)			53		57	Malbuschen	Kleidung, unordentliche Kl.
(69)	2	7				Mochum	kleiner Ort
(70)		7	53		57	Meschores	Knecht
(71)			53		57	Zomes	Knochen
(72)	2					Dänemann	Kopfstoß
(73)		7			57	Bora	Kuh
(74)			53		57	Schees	Kutsche, kleine Kutsche
(75)	2	7				rallig	läufig
(76)			53		57	Aaf	Mann
(77)	2	7				Fiegl	Mann
(78)	2	7				Freier	Mann
(79)		7			57	Isch (i:sch)	Mann
(80)			53			Schätz/Schäls	Mann

Durchführung und Ergebnisse

lfd. Nr.	Quellen				Rotwelschwörter	Bedeutung
Sp.1	Spalten 2 bis 8				Spalte 9	Spalte 10
(81)	2	7			Hacho	Mann, Kerl
(82)	2	7			Platefies	Marktaufseher
(83)		7			Juxer	Messerstecher
(84)		7	53	57	Maschores	Metzger
(85)			53	57	Nabbler	Metzger, Schlachter
(86)	2	7			schunt	Mist, Hundekot (Scheiße)
(87)	2	7			schuntik	Mist, schlechte Ware
(88)		7		57	Schocher	Nachbar, ein bestimmter N.
(89)	2				chi, tschi	nicht
(90)		7			krättich	nicht einwandfrei, minderwertig
(91)	2				schie	nicht in Ordnung
(92)		7		57	laudoff/lodoff	nicht schön
(93)		7		57	Ekel/Eigel	Ochse
(94)	2	7	53		Gallach	Pfarrer
(95)			53		Galaichem/Galauchem	Pfarrer
(96)		7		57	Suß	Pferd
(97)	2				Schinum (tschinum)	Polizist, Wachmann, Krimineler
(98)	2	7			grantig	prima
(99)		7		57	betug	reich
(100)		7			nabbeln	schlachten
(101)		7		57	dorma	schlafen
(102)			53	57	laf	schlecht
(103)	2	7		57	Doff	schön
(104)	2	7		57	Toff	schön; gut bis sehr gut
(105)			53	57	Mäzie	Schönheit oder sehr gut
(106)	2	7			Kaif	Schulden
(107)	2		53	57	Kauffes	Schulden
(108)			53		Melomet	Schulmeister
(109)			53	57	raffeln	schwätzen
(110)		7		57	ganfen/ganef	stehlen
(111)	2	7		57	Schmäh; Schmus lau	Süßholz raspeln
(112)		7		57	jaucker	teuer
(113)	2	7			joger	teuer
(114)	2			57	magge, jogger	teuer
(115)				57	lekerch	übervorteilen
(116)	2	7			Linkheimer	unehrliche Person
(117)	2	7		57	zocken	unfair , jdn. etwas abnehmen
(118)		7			verkasemattuln	verhökern
(119)		7		57	Lobach	Verlust
(120)				35 57 63	Manko	Verlust
(121)		7			Kuzen	Vermögen
(122)		7		57	matabre	verraten
(123)			53	57	verramt	verstanden
(124)			53		Maukenest	Versteck, kleines

Durchführung und Ergebnisse

lfd. Nr. Sp.1	Quellen Spalten 2 bis 8				Rotwelschwörter Spalte 9	Bedeutung Spalte 10
(125)		7		57	verjaukern	verteuern
(126)	2			57	Mischbuachem/Misbuke	Verwandschaft
(127)			53		muldom	viel, sehr viel
(128)	2	7			shore	Ware, alles was zu verkaufen ist
(129)	2	7			Majom	Wasser
(130)			53	57	fifrachatzen	weggehen
(131)			53	57	Jajom (ja'jom), Jole	Wein
(132)	2	7			Kober	Wirt
(133)	2	7			Koberei	Wirtschaft
(134)		7		57	broches	zornig
(135)		7			Schmuser[74]	Zusprecher, Hilfskraft beim Verkauf von Vieh, Animator
(136)		7		57	Sasseres	Zuspruch, Schmus

Tab. 7 Ermittelte frei genannte Rotwelschwörter

Zusammenfassung/Auswertung

Befragter lfd. Nr.	Anzahl frei genannter Wörter	Häufung/ Nennungen pro Wort	Anzahl frei genannter Wörter
2	52	1-fach	38
7	86	2-fach	83
35	1	3-fach	15
49	1		
53	35		
57	71		
58	1		
63	1		
Gesamtanzahl mit Mehrfachnennung	248	Gesamtanzahl ohne Mehrfachnennung	136

Tab. 8 Summen frei genannter Rotwelschwörter

---

[74] Am Beispiel des Schmusers, der sich in Abstimmung mit dem Verkäufer in das Gespräch einschlich, ergab sich eine neue Beziehung Verkäufer : Käufer. Durch diese gewollte Situation stand nun plötzlich – zumindest bis zur Kaufabwicklung – das Verhältnis Händler versus Schmuser im Vordergrund. Nach entsprechendem Zuspruch und Einigung auf den Kaufpreis zog sich der Schmuser wieder zurück und erhielt, sowie der Käufer mit dem Tier abgezogen war, seinen zuvor vereinbarten Anteil.

Durchführung und Ergebnisse

Die 136 frei genannten Rotwelschwörter wurden von 8 Befragten genannt, wobei die Mehrzahl der Befragten eine größere Anzahl von Wörtern nennen konnte (hohe Anzahl von Mehrfachnennungen).

4.3.3 Nicht erkannte Rotwelschwörter

Außer den wiedererkannten und frei genannten Rotwelschwörtern wurden den Befragten die in nachfolgender Tabelle aufgeführten Wörter vorgelegt, die nicht erkannt wurden. Dies ist umso bemerkenswerter, da es sich hierbei durchaus um „gebräuchliche" Wörter handelt.

nicht erkannte Rotwelsch-Wörter (sortiert nach deutscher Bedeutung)

lfd. Nr.	Quellen	Rotwelsch	Erwartete Bedeutung
Sp. 1	Spalten 2 – 8	Spalte 9	Spalte 10
(1)		Kalle	Braut
(2)		Mardeyne	Fremde
(3)		Kliwes-Klawes	Geld
(4)		Pinünse	Geld
(5)		Tack, Tak	Groschen
(6)		Mardaine	Handel
(7)		Holger, Hölger	Handwerksbursche
(8)		Sääußen	Hering
(9)		Schma	hör!
(10)		Häcker	Jude
(11)		Tinfe	Jude
(12)		Mänseker	Kind
(13)		Gäauzegallak	Küster
(14)		Putcher	Läuse
(15)		Pütcher	Läuse
(16)		Hais	Licht
(17)		Lücke	Milch
(18)		Laila	Nacht
(19)		Prutte	Pfennig
(20)		Dreiwer	Polizist
(21)		Stachert	Schneider[75]
(22)		Krebs	Schuldner
(23)		Hölgerling	Schuster[80]
(24)		aumeln	sehen

---

[75] Erstaunlicherweise wurden diese 2 Berufe nicht erkannt, obwohl – wie in Tabelle 7 aufgezeigt, weitere 17 Berufsbezeichnungen erkannt worden sind.

Durchführung und Ergebnisse

(25)						greygeln	sehen
(26)						Roigel	sieh!
(27)						Aisak	Tabak
(28)						Sprankert	Zucker

Tab. 9 Nicht erkannte Rotwelschwörter

4.4 Das soziale Handeln/Beispiel Viehhandel

4.4.1 Redewendungen/-Sätze

Viele der heute bekannten Redewendungen gehen zurück auf hebräische/jiddische Quellen. Ihnen gemeinsam ist die damit zum Ausdruck gebrachte tiefere Bedeutung, die bei der Erforschung nach den Spenderwörtern verständlich wird.

So ist z. B. bei der Tabellenposition 14 der vorgefundenen Redewendungen *Wo der Bartel den Most holt* der Bartel im Zuge der Sprachwandlung vom jiddischen *Barsel* = Brechstange zum Bartel mutiert, während Most vom jiddischen *Moess* (sprich *mosch*), das Geld, genauer *Kleingeld*, stammt. Demzufolge heißt es wörtlich übersetzt, dass man weiß, *wo die Brechstange ist, um an das Kleingeld zu gelangen* bzw. *wo die Brechstange das Geld holt.*

Nr. Sp.1	Quellen Spalten 2 - 8					Rotwelsch Spalte 9	Bedeutung Spalte 10
(1)			53		57	63	a schuk	Angebot erhöhen
(2)	2	7			57		auf den Schock gehen	auf den Markt gehen
(3)		7					auf den Wackel gehen	Ausschau nach Waren, über Feld gehen
(4)	2	7					die hat a toffe Mensch	Frau mit lebhaftem Geschlechtst
(5)	2	7					die Klunt is grantig	Die Hure ist leicht zu haben; sie macht's gut
(6)	2	7					die Moss is link	Die Frau ist schlecht
(7)	2	7					dr Fiesl is tott, der hegt Loby (evtl. Fiesl=Fiegl / tott=toff)	Der Mann ist o. k., der hat Geld
(8)	2	7					grantig schicker	ganz schön besoffen
(9)		7			57		Massel und Broches	Glück und Segen
(10)	2	7					Mensch, is der schesemann	Mensch, ist der ganz schön besoffen
(11)			49		57		Ohne Moos nichts los	Ohne Geld kein Auskommen
(12)	2	7					racker chi	nicht sprechen; als Aufforderung

Durchführung und Ergebnisse

| (13) | | 53 | 57 | stichem kochem | halt's Maul, wenn du gscheit bist |
| (14) | 49 | | | Wo der Bartel den Most holt | (heute:) ...wo 's lang geht[76] |

Tab. 10 Allgemeine Redewendungen/Sätze

Zusammenfassung/Auswertung

| Gesamtzahl der in Spiegelberg bekannten allgemeinen Redewendungen | 14 |

Tab. 11 Summe allgemeiner Redewendungen/Sätze

4.4.2 Spezielle Händlersprache beim Viehhändler

Nicht alle Händler waren Gauner und nicht alle (kleinen) Betrüger Händler. Die besten Gelegenheiten zum Betrügen bietet jedoch nun einmal der (Wander-) Handel, sodass sich die Gaunersprache (Rotwelsch oder Kochemer Loschen) in der Literatur nahezu ausschließlich auf den Wanderhandel bezieht.

Durch die enge Verbindung Handel mit Gaunersprache soll am Beispiel des Viehhandels aufgezeigt werden, wie Sprache (z. B. im Verkaufsgespräch) und die Vorbereitungen zum Verkauf in engem Zusammenhang stehen. Dies verdeutlicht, wie das Sprachsystem der Gruppe der Viehhändler auf das engste mit dem System des nichtverbalen Handelns verbunden ist.[77]

Bedauerlicherweise ergaben sich bei der Befragung der Gewährsleute für den Bereich der Mimik und Gestik innerhalb der Verkaufsgespräche der Viehhändler kaum Anhaltspunkte.[78] Auch die Auswertung der Quellen ergab hier nur wenige Aspekte. In den Fragebogenaktionen während der Untersuchung lag auf diesem Kapitel kein

---

[76] Viele der heute gängigen Redewendungen sind hebräischen-jiddischen Ursprungs und hatten zum Teil eine andere Bedeutung, zum Teil jedoch ähnliche Aussagen wie heute.
[77] Vgl. auch Robert Jütte (1978), S. 11.
Vgl. Übersicht Kapitel 1.4.2: Begriffsbestimmung Der Kochemer Loschen.
[78] Einordnung von Mimik und Gestik s. Kap. 1.4.4 Zuordnung der Begriffe Kochemer Loschen und Rotwelsch.

Schwerpunkt. Ein Teilnehmer jedoch konnte sich an folgenden Viehhändlerspruch erinnern:[79]

„....und wenn ich nicht recht habe, soll ich auf diesem Auge blind werden!" – und *haut sich mit der Faust auf das rechte Knie.*[80]

Die Händler- und Hausierersprache wurde in der Hauptsache beim Gastwirt, Viehhandel, Metzger und in weiteren artverwandten Branchen gesprochen. Am Beispiel des Viehhandels wird das soziale Verhalten der Beteiligten aufgezeigt.

Aus dem Viehhandel ist eine Reihe von Sprachteilen überliefert, die in den Unterhaltungen der Händler untereinander und in den Verkaufsgesprächen mit potenziellen Kunden eingesetzt wurden. Sie waren ein wesentlicher Teil des Gesprächs, vor allem dann, wenn es sich möglicherweise um nicht ganz *koschere* Geschäfte handelte.[81]

Aus der Fülle der Ausdrücke im Viehhandel wurden 36 ausgewählt:

Nr.	GW	Rotwelsch	Bedeutung
(1)	7, 57	Die Suß sind gewöhnt	Die Pferde sind eingefahren
(2)	7, 57	Die Suß rennt net	Das Pferd ist blind
(3)	7, 57	Die Suß ist ä Stußer und makeiernt	Das Pferd ist scheu und schlägt
(4)	7, 57	Die Suß is pattisch	Das Pferd ist trächtig
(5)	7, 57	Die Suß is ä Kopper	Das Pferd koppt
(6)	7, 57	Die Suß war bei die Balmagumes	Das Pferd war beim Militär
(7)	7, 57	Die Suß hat schlechte Jasleiemer	Das Pferd knappt
(8)	7, 57	Die Suß ist fromm	Das Pferd ist geduldig
(9)	7, 57	Die Bora hat an Ekele	Kuh mit dem Kalb
(10)	7, 57	Des is an alte Bora	Die Kuh ist alt
(11)	7, 57	Die Bora gibt net Gulef	Die Kuh gibt wenig Milch
(12)	7, 57	Die Bora gibt viel Gulef	Die Kuh gibt viel Milch
(13)	7, 57	Die Bora garantier ich als gewöhnt ist	Die Kuh ist gewöhnt im Zug
(14)	7, 57	Die Bora ist pattisch	Die Kuh ist trächtig
(15)	7, 57	Die Bora ist koscher	Die Kuh ist gesund
(16)	7, 57	Die Bora ist kuhle	Die Kuh ist krank
(17)	7, 57	Die Bora is ä Mäziär	Die Kuh ist billig
(18)	7, 57	Die Bora is jocker	Die Kuh ist teuer

---

[79] Teilnehmer mit der Identnummer 32, Gastwirt in einem Teilort von Spiegelberg.
[80] Leider ist die Vorstellung, mit welcher Mimik (*...ehrlicher Augenaufschlag usw.*) die Gestik begleitet wurde, nur Spekulation. Die Untersuchung von Mimik und Gestik während der Verkaufsgespräche sollte m. E. zu einem späteren Zeitpunkt unbedingt durchgeführt werden.
[81] Koscher = (rituell) erlaubt, rein, ehrlich (vgl. Duden Bd. 24 (1992), S. 106).

Durchführung und Ergebnisse

Nr.	GW	Rotwelsch	Bedeutung
(19)	7, 57	Die Ekel is schummen	Der Ochse ist fett
(20)	7, 57	Die Ekel sind laff schummen	Der Ochse ist mager
(21)	7, 57	Die Ekel sind gewöhnt	Die Ochsen sind eingefahren
(22)	7, 57	Die Ekel sind kuhle	Die Ochsen sind krank
(23)	7, 57	Ronsensen	Gib sie her
(24)	7, 57	Kaff die Suß um jeden Erach	Kauf die Pferde um jeden Preis
(25)	7, 57	Er is mir makatrig geweßt	Er verdirbt mir den Handel
(26)	7, 57	Er is ä Gaschtbündel	Er ist ein Lump
(27)	7, 57	Er is ä bekuferter Mann	Er ist ein braver Mann
(28)	7, 57	Ich schmuß Dir gut	Ich rede Dir gut im Handel
(29)	7, 57	Ich bin Dir oraf für alles	Ich gewähr alles
(30)	7, 57	Oraf bin ich für nix	Ich gewähr nichts
(31)	7, 57	Ich bin dir oraf, daß ich dich verkofel	Ich werde dich verklagen
(32)	7, 57	Der Mann is net unbekufet	Der Mann läßt mit sich reden
(33)	7, 57	An dem Mann is ka proge	Der Mann ist hart im Handel
(34)	7, 57	„Verkauf lt. Liste"	„Verkauf über gekreuzte Verkaufslisten"
(35)	7, 57	Kälble/Bullen fahren	Kalb oder Bullen verkaufen
(36)	7, 57	20 unter	100 kg = 20 DM unter einem festgesetzten Limit

Tab. 12 Viehhändlersprache

4.4.3 Hebräische Zahlensysteme

lfd. Nr.	Quellen		Hebräisches Alphabet[82]	Währung	Deutsche Währung
(1)	(2)	(3)	(4)	(5)	(6)
(1)	7	57	Oleph	Schuck	1 Mark
(2)	7	57	Bes	Schuck	2 Mark
(3)	7	57	Gimmel	Schuck	3 Mark
(4)	7	57	Doleth	Schuck	4 Mark
(5)	7	57	He	Schuck	5 Mark
(6)	7	57	Fof	Schuck	6 Mark
(7)	7	57	Soyen	Schuck	7 Mark
(8)	7	57	Ges /Kes	Schuck	8 Mark
(9)	7	57	Tes /Des	Schuck	9 Mark
(10)	7	57	Jus	Schuck	10 Mark
(11)	7	57	Jus Oleph	Schuck	11 Mark
(12)	7	57	Jus Bes	Schuck	12 Mark
(13)	7	57	Jus Gimmel	Schuck	13 Mark
(14)	7	57	Jus Doleth	Schuck	14 Mark
(15)	7		**Jus He**	**Schuck**	**15 Mark**
(16)		57	**Des Fof**[83]	**Schuck**	**15 Mark**

---

[82] Lt. ANONYMUS (ca. 1870): Mathematische Viehwaage für jeden Viehhalter, S. 29ff.

Durchführung und Ergebnisse

(17)	7	57	Jus Fof	Schuck	16 Mark
(18)	7	57	Kaff	Schuck	20 Mark
(19)	7	57	Lamed	Schuck	30 Mark
(20)	7	57	Mem	Schuck	40 Mark
(21)	7	57	Nun	Schuck	50 Mark
(22)	7	57	Sammach	Schuck	60 Mark
(23)	7	57	Schiffen	Schuck	70 Mark
(24)	7	57	Schmunem	Schuck	80 Mark
(25)	7	57	Tattick /Tischem	Schuck	90 Mark
(26)	7	57	Mees	Schuck	100 Mark
(27)	7	57	Bes Mees	Schuck	200 Mark
(28)	7	57	Tes Mees	Schuck	900 Mark
(29)	7		Oleph (Ileph) Luffin	Schuck	1000 Mark
(30)	7	57	Hea Luffin	Schuck	5000 Mark
(31)	7	57	Jusa Luffin	Schuck	10000 Mark
(32)	7	57	Bes Mees Nun	Schuck	250 Mark
(33)	7	57	Doleth Mees Schiffen He	Schuck	475 Mark
(34)	7	57	He Mes Lamed	Schuck	530 Mark
(35)	7	57	Ges Mees Mem	Schuck	840 Mark

Tab. 13 Hebräische Zahlensysteme

Zusammenfassung/Auswertung

Gesamtzahl Nennungen ohne Mehrfachnennung beim Viehhändler von beliebig vielen Möglichkeiten	ca. 35

Tab. 14 Summe der hebräischen Zahlensysteme

Die Zählweise ist, wie in vorstehender Tabelle ersichtlich, ab der Zahl 10 Zehn plus Eins = 11, Zehn plus Zwei = 12, 10 + 3 = 13, 10 + 4 = 14. Nun müsste eigentlich die Zahl ZEHN plus FÜNF = Fünfzehn (JUS HE = 15) erscheinen. Stattdessen wird DES FOF (NEUN plus SECHS = 15) geschrieben.

Der Grund: In der Hebräischen Schrift werden nur Konsonanten formuliert. Die Vokale werden beim Sprechen hinzugebildet. Folglich kann man ein Wort und einen Text auf unterschiedliche Weise lesen und aussprechen. Dem Wort können somit unterschiedliche Bedeutungen zuerkannt werden.

Beispiel: Die (willkürliche) Konsonantenfolge *B K F* könnte gelesen werden als *bakaf, bukif, bekef, bakuf* und so weiter. Damit setzt man dann eventuell ein Verb in

---

[83] Nur bei der Zahl 15 (15 Mark) -> 9 und 6 Mark = 15 Mark.

die Vergangenheit oder man ändert die Bedeutung komplett oder man liest eine Silbe noch zum ersten Wort, die Folgesilbe zum zweiten Wort und verschiebt dann alles. Das klingt für „deutsche" Ohren ungewöhnlich.

Wird nun eine Zahl in Buchstaben geschrieben (im Hebräischen gibt es keine Ziffern – man bedient sich hier in wenigen Fällen der arabischen Ziffern), kann dies theoretisch auch als Wort gelesen und gesprochen werden. Heute noch werden Seitenzahlen und Datum in Buchstaben angegeben. Wenn man nun die Buchstaben JOD (JUS) und HE (10 + 5) schreibt, können sie als der Name Gottes (z. B. JAHWE) gelesen werden. Der Name Gottes darf jedoch nie genannt werden – es wird im Hebräischen immer nur vom Herrn gesprochen. Um den Zahlenwert **15** dennoch schreiben zu können, wich man auf **9 + 6 = 15** aus.

4.4.4 Non-Verbale „Sprachelemente"

Zwei Abschnitte der Broschüre „Mathematische Viehwaage" sollen herausgestellt werden.[84] Zum einen der Tipp, ohne Viehwaage das Gewicht eines Rindes bis auf 20 kg genau festzustellen und zum anderen Ratschläge, wie Tiere vor dem Verkauf *veredelt* werden können.

4.4.4.1 Mathematische Viehwaage

Das Rind wird nach Umfang und Länge vermessen. Sodann wird in einer Tabelle das nahezu genaue Gewicht abgelesen.[85] Das Ausmessen des Rindes erfolgt nach Maßga-

---

[84] Vgl. ANONYMUS (ca. 1870): Mathematische Viehwaage für jeden Viehhalter; Kniffe beim Handel von Vieh bzw. Pferden/Viehsachkunde, Gesetzeskunde. Jeder Viehhalter wird aufgeklärt und vor Schaden bewahrt; Erscheinungsdatum lt. Gewährsmann ca. 1870; Verleger R. Neusiedl, Augsburg X, Blücherstraße 86, Verlag Buch- und Steindruckerei, Frz. X. Schroff ca. 1870.

[85] Auch in heutiger Zeit lässt sich der Brustumfang eines Rindes als eine Ersatzgröße für das Gewicht in heimischen Gefilden und vor allem auch in den weiten Flächen der Dritten Welt verwenden. Das Beachten der Gewichtszunahme jedes einzelnen Tieres ist ein erster Schritt in Richtung wirtschaftlicher Tierhaltung. Sowohl der soziale Druck auf den Züchter dort (je größer die Anzahl der Tiere, desto höher genießt der Züchter soziales Ansehen) als auch der ökologische Druck auf die Umwelt wird geringer, wenn weniger die Anzahl der Tiere als vielmehr

be beigefügter Anweisung.[86]

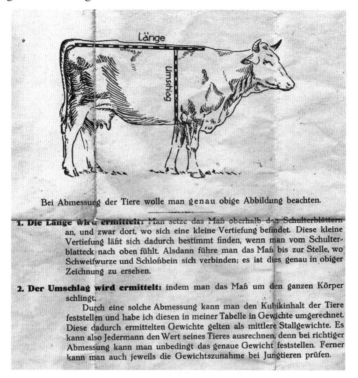

Abb. 13 Mathematische Viehwaage

4.4.4.2 Mathematische Gewichtstabelle

Hat man beim Rind die Länge und den Umschlag ermittelt, liest man an der entsprechenden Tabellenposition das Gewicht in Kilogramm ab. Die Kauf-/Verkaufsverhandlung kann unverzüglich beginnen. Diese Methode ist heute noch gebräuchlich, da auf der Weide oft keine Viehwaage zur Verfügung steht. Die äußerst präzise und stimmende Angabe des ermittelten Gewichtes stellt beide Seiten des nun folgenden Verkaufsgesprächs zufrieden.

---

[86] die Leistung der einzelnen Tiere (je mehr Gewicht, desto größer die Milchleistung) die entscheidende Rolle spielt; aus http://www.schulphysik.de/mathe/brust/brust.htm.
Quelle: ANONYMUS (ca. 1870): Mathematische Viehwaage für jeden Viehhalter.

Durchführung und Ergebnisse

Länge →

Umschlag ↓	100cm	102cm	104cm	106cm	108cm	110cm	112cm	114cm	116cm	118cm	120cm	122cm	124cm	126cm	128cm	130cm
140cm	471	480	490	502	509	517	526	536	545	555	565	584	593	602	612	621
142 "	484	493	503	512	522	533	542	551	560	570	580	589	599	610	621	630
144 "	491	500	508	518	527	538	548	557	567	577	587	596	605	615	625	635
146 "	495	504	513	523	532	542	552	562	572	582	592	602	611	621	631	641
148 "	507	517	528	537	548	558	569	578	588	598	608	619	628	638	649	659
150 "	520	531	541	552	562	572	582	593	603	614	624	635	646	656	666	676
152 "	534	545	556	567	578	588	599	610	621	631	641	652	663	674	685	695
154 "	548	559	570	581	592	603	614	625	636	647	658	669	680	691	702	713
156 "	563	574	585	597	608	619	630	642	654	665	676	687	698	709	721	732
158 "	577	589	602	613	624	635	646	658	670	682	693	704	716	727	739	751
160 "	592	603	615	627	639	651	663	675	687	699	711	723	735	747	758	770
162 "	607	619	632	644	656	668	680	693	705	717	728	740	752	765	778	790
164 "	622	635	647	660	672	684	697	710	722	734	747	760	772	785	799	809
166 "	637	650	663	676	689	701	714	727	740	753	765	778	791	804	816	829
168 "	653	668	681	694	705	715	729	743	757	770	784	798	812	825	837	849
170 "	669	683	696	709	722	733	746	760	773	788	802	816	829	842	855	869
172 "	684	699	713	728	740	753	767	781	795	808	821	835	848	862	876	890
174 "	700	714	728	742	756	770	784	798	812	826	840	854	868	882	896	910
176 "	717	732	746	760	774	788	802	816	830	845	860	874	888	903	918	932
178 "	733	748	762	776	791	806	821	836	851	866	880	895	910	925	939	953
180 "	750	765	780	795	810	825	840	855	870	885	900	915	930	945	960	975
182 "	766	782	797	812	828	843	859	875	890	905	920	935	950	966	981	996
184 "	782	798	815	831	846	862	878	894	910	925	940	955	970	986	1002	1018
186 "	800	816	832	848	864	880	896	912	928	944	960	976	992	1008	1024	1040
188 "	818	835	851	868	884	900	916	933	950	966	981	997	1014	1030	1046	1063
190 "	835	852	868	885	902	919	935	952	969	986	1002	1019	1036	1053	1070	1086
192 "	853	870	886	903	920	938	955	972	989	1006	1024	1042	1060	1077	1093	1110
194 "	871	888	905	922	940	958	975	992	1010	1027	1045	1063	1080	1098	1115	1132
196 "	889	906	924	942	960	978	996	1014	1033	1050	1067	1085	1103	1121	1140	1158
198 "	907	925	943	969	985	1000	1017	1034	1052	1070	1088	1105	1122	1140	1160	1180
200 "	925	942	960	979	999	1018	1036	1054	1072	1091	1111	1129	1148	1166	1184	1203
202 "	944	962	980	999	1018	1038	1057	1075	1094	1114	1133	1152	1120	1189	1208	1227
204 "	963	982	1000	1019	1039	1059	1078	1097	1116	1136	1156	1175	1195	1214	1234	1252
206 "	981	1000	1020	1040	1060	1080	1100	1120	1139	1159	1178	1198	1217	1236	1256	1276

Abb. 14 Mathematische Gewichtstabelle

4.4.4.3 Viehhändlerkniffe

Bevor beispielsweise der Schmuser in Aktion trat und die Verkaufsgespräche des Händlers mit potentiellen Kunden beginnen konnten, musste im Regelfall die Ware, sprich das Vieh, verkaufsfördernd vorbereitet werden.[87]

„Ein jeder Händler sucht seine Tiere beim Verkauf möglichst schön aufzuputzen, um dieselben den Augen des Käufers gefälliger zu machen. Dass dabei nun verschiedene

---

[87] Schmuser: vgl. Tabelle 7, Nr. 135 und Tabelle 19, Nr. 210.

Kniffe, Täuschungen, ja selbst manchmal Betrügereien angewendet werden, lehrt die Erfahrung."[88]

Hierzu war es gang und gäbe, zum Beispiel Pferde zu „veredeln". Man konnte dadurch zwar keinen *müden Kaltblütler* in einen *rassigen Araber* verwandeln, es gab jedoch eine Reihe von Hilfsmitteln und Korrekturen. Hierzu erschien sogar eine schriftliche Anleitung, die – um rechtlichen Problemen auszuweichen – so abgefasst war, dass die Praktiken in der Form dargestellt wurden, dass sie mögliche Käufer auf diese Manipulationen hinwiesen.[89] Hierdurch ergaben sich jedoch im Umkehrschluss für die Händler nahezu ungeahnte Möglichkeiten und Tipps, um auch minderwertige Tiere gewinnbringend loszuwerden.

Diese Manipulationen stehen in engem Zusammenhang mit dem Gebrauch der Sondersprache Rotwelsch. Es handelt sich hierbei um dieselbe Gruppe der Händler, die sich der Sondersprache bedienten. Einige markante Beispiele:

Vor der Behandlung	Zustand des Pferdes oder der Kuh nach der Behandlung
Das Pferd ist temperamentlos, stumpfsinnig	Stumpfsinnige Pferde werden durch Lärmen und Schlagen aufgeregt, somit mutiger gemacht. Ein oft angewandtes Mittel ist das *Pfeffern,* indem der Händler einige weiße Pfefferkörner kaut und dieselben dann in den After des Pferdes steckt. Das sonst temperamentlose Pferd wird durch den dabei bewirkten Juckreiz sehr aufgeweckt und bekommt lebhaften Gang, den Schweif trägt es fast waagrecht, was dem Tier ein sehr mutiges Aussehen gibt. Allerdings wird es dann tags darauf den Schweif umso schlaffer hängen lassen und matt und traurig einherschleichen. Der Käufer wäre demnach betrogen.
Das Pferd ist	Um Pferde größer erscheinen zu lassen, stellt man die zu

---

[88] Vgl. ANONYMUS (ca. 1870): Mathematische Viehwaage für jeden Viehhalter, S. 11.
[89] Vgl. ANONYMUS (ca. 1870): Mathematische Viehwaage für jeden Viehhalter. Ein Telefonat am 16.08.2005 mit dem DVH-Fachverlag Vieh und Fleisch, Bonn, Adenauerallee 176, Tel. 0228/2807945, ergab, dass auch dort ein Büchlein mit hebräischer Viehhändlerterminologie vorhanden ist, ebenfalls ein Augsburger Verlag, jedoch ebenso ohne Erscheinungsdatum.

Durchführung und Ergebnisse

Vor der Behandlung	Zustand des Pferdes oder der Kuh nach der Behandlung
zu klein	musternden Pferde mit dem Vorderteil höher. Des Weiteren lässt man die Vorderhufe möglichst lang wachsen und beschlägt sie mit sehr starken Hufeisen, die Hinterhufe werden möglichst kurz geschnitten und mit alten schwachen Hufen beschlagen. Durch eine solche Täuschung bekommt das Pferd einen rassigen Stand bzw. es wird beim paarweisen Verkauf eine evtl. Größendifferenz ausgeglichen.
Der Kopf des Pferdes ist zu groß	Um einen Kopf kleiner erscheinen zu lassen als er ist, werden die Schopfhaare dünn geschabt, die Fühlhaare ausgerissen, die Ohren gestutzt, Augenbrauen gekürzt und der Aufsatzbügel sehr straff aufgesetzt.
Das Pferd ist zu alt	Älteren Pferden werden die Augenbrauen mit Luft aufgeblasen. Schlaffe Ohren werden durch einen Zaum mit kurzem Stirnband aufgerichtet. Ein schlappes Maul mit herunterhängender Unterlippe wird durch Einreiben mit Salz und Pfeffer aufgefrischt.
Das Pferd ist zu alt	Umgekehrt werden ältere Pferde dadurch jünger gemacht, indem das Pferd gefesselt wird und an den Schneidezähnen künstliche Bohnen eingemeißelt werden. Die erzeugte Vertiefung wird anschließend mit Höllenstein schwarz gebeizt. Die Fälschung ist an der Bohne leicht zu erkennen, denn die natürliche Bohne ist stets mit einem Schmelzring umgeben, der bei manipulierten Gebissen fehlt.
Das Pferd ist zu jung	Ein junges Pferd wird durch das Ausbrechen einiger Milchzähne um ein Jahr älter gemacht. Allerdings ist diese Täuschung leicht erkennbar, da sich an der Stelle, an der die Zähne waren, blutige Narben zeigen. Auch fehlt die Krone der nachschiebenden Zähne. Die Täuschung ist relativ einfach zu erkennen.
Unterschiedliche Haarfarbe	Die Pferde werden geschoren und sind dadurch sehr schwer in ihrer Grundfarbe zu ermitteln.
Dummkollerige Pferde	Diese kranken Pferde verkauft man am besten in der kühlen Jahreszeit, da die Erscheinungen im Sommer meist deutlicher auftreten. Diese Tiere bekommen leicht verdauliches und abführendes Futter (wenig Heu). In das Ohr wird etwas Öl gegossen und stark gepfeffert. Falls das Pferd sehr dumm ist,

Vor der Be- handlung	Zustand des Pferdes oder der Kuh nach der Behandlung
	so dass es sich gefühllos verhält, wenn man die Finger ihm in das Ohr steckt, so wird das Ohr und die Krone mit Nadelstichen versehen, so dass sich das Pferd bei Berührung dieser Stellen durch den verursachten frischen Schmerz sträubt.
Röchelnde Pferde	Der Dampf wird durch Lärm verdeckt, oder das Pferd wird bei der Musterung auf dem Pflaster geführt, um durch den lauten Hufschlag das Pfeifen nicht zu vernehmen.
Pferde mit großem Hunger	Den Bedenken eines Käufers, dass ein prächtig und gut im Futter stehendes Pferd doch ein großer Fresser wäre, wird dadurch begegnet, dass man dem Pferd bei der letzten Nahrungsaufnahme Eisenteile untermischt, damit sich das Pferd verletzt. Zusätzlich wird die Zunge mit Nadelstichen lädiert. Verweist der Käufer auf den vermeintlichen ständigen Hunger des Pferdes, nimmt der Verkäufer ein Büschel Heu, hält es dem Pferd vor das Maul – das Pferd frisst trotz Hungers aufgrund des zu erwartenden Schmerzes nicht.
Pferd mit unedlem Gang	Dem Pferd werden in die Ohren Bleikugeln eingeführt. Um das Gleichgewicht zu halten, läuft das Pferd besonders aufrecht und schnurgerade.
Kuh ist zu alt	Um eine Kuh jünger erscheinen zu lassen, werden ihr am Horn einige Ringe abgefeilt und mit einem Eisenschwamm oder Glas schön zugeschrubbt, auch werden zu lange Hörner abgesägt und wieder gleichmäßig zugespitzt. Lange Klauen werden ebenfalls zugeschnitten.

Tab. 15 Verkaufsvorbereitung von Tieren

Die Anzahl der Manipulationen ist nicht abschließend. Ein Informant versicherte, dass noch weitere, noch grausamere Methoden zur *Veredelung* der Tiere angewandt wurden. Derselbe Informant bestätigte noch einmal in einem Nachgespräch am 01.07.2005, dass seine Ahnen tatsächlich zu solchen Methoden gegriffen hätten und solche Praktiken neben der verbalen Rede absolut verkaufsfördernd wirkten.

5 Zusammenfassung der Studie

5.1 Gesamtübersicht der Untersuchung in Zahlen

Gesamt-Auswertung	Referenz-Nr.	Anzahl	Σ der ermittelten Wörter
Personen, denen der Ausdruck *Rotwelsch* fremd war	Erhebungsformular	27	
Anzahl von nicht erkannten Sprachelementen	Erhebungsbogen und Tab. 9	28	
Gewährsleute, die Rotwelsch-Ausdrücke in der Gegend kannten	Erhebungsformular und Tab. 2	9	
Gesamtanzahl der **befragten Personen**	Beziehungsstruktur und Abb. 11	64	
Gesamtzahl der ermittelten **Dialekt- Wörter**	Abschnitt 4.2.1	**102**	**102**
Gesamtzahlen der wiedererkannten Rotwelschwörter	Abschnitt 4.3.1	**142**	**142**
Gesamtzahlen der **frei genannten Rotwelschwörter**	Abschnitt 4.3.2	**136**	**136**
Gesamtzahlen der allgemeinen **Redewendungen**	Abschnitt 4.4.1	**14**	
Gesamtzahlen der genannten Händler-**Redewendungen**	Tab. 12	**36**	
Gesamtzahlen des Hebräischen Zahlensystems (nur ausschnittsweise)	Abschnitt 4.4.3	**ca. 30**	
Gesamtsumme der gefundenen Dialekt- und Rotwelsch-Wörter (ohne Redewendungen und hebräischem Zahlensystem)			**380**

Abb. 15 Gesamtübersicht

5.2 Bewertung

Es erwies sich, vor allem zu Beginn der Befragung, aufgrund der geringen Resonanz als fraglich, ob die Studie durchgeführt werden konnte. Erst nach häufigen Rück- und Nachfragen, hartnäckigen Wiederholungen, fast zähem Nachsetzen konnten die entsprechenden Gesprächspartner aufgespürt werden und es kamen verwertbare Aussagen zustande.

Zusammenfassung der Studie

Übereinstimmend äußerten nahezu alle Befragten, dass die Untersuchung **20 bis 30 Jahre** zu spät stattfinde. Selbst die älteren Teilnehmer beriefen sich auf ihre Vorfahren, die eine Vielzahl solcher Sprachelemente und Redewendungen gewusst hätten.

Dass die Untersuchung (von Oktober 2000 bis Februar 2001) gerade noch zur rechten Zeit erfolgte, zeigt die Tatsache, dass inzwischen (Stand 2015) einige der Informanten verstorben sind - die Studie hätte ganz sicher kaum mehr verwertbare Ergebnisse erbracht. Die vor der Durchführung der Fallstudie gebildete Meinung, dass in Spiegelberg und Umgebung aufgrund des historischen Umfeldes Rotwelsch-Ausdrücke gebraucht worden sind, hat sich jedoch bestätigt, nicht zuletzt durch den Betrieb der Spiegelglashütte selbst und den darin lebenden Personen sowie dem lebensnotwendigen Handel, bei dem sich Dialekt- und Rotwelschsprachelemente bilden konnten.

Es darf als gesichert angenommen werden, daß zu den Hoch-Zeiten des Waren- und Viehhandels die Verwendung **der ermittelten 380 Wörter in Spiegelberg** gebräuchlich war. Durch das „Kumulieren" und „Panaschieren" im Zuge der Herkunftsermittlung reduzierte sich die Anzahl der Wörter geringfügig.[90]

Allerdings ist die Sprache nicht vom **Aussterben bedroht** – sie ist, evtl. mit kleinen Ausnahmen beim Viehhandel – bereits **ausgestorben.**

---

[90] Vgl. Kapitel 6 Herkunftsnachweis der ermittelten Wörter.

6 Herkunftsnachweis der ermittelten Wörter

6.1 Dialektwörter und deren Herkunft

6.1.1 Angaben der verwendeten Quellen

Die in der Fallstudie ermittelten Dialektwörter wurden auf ihre Herkunft untersucht und die Ergebnisse in Tabelle 16 festgehalten.

Die Spalten der Tabelle 16 beinhalten:

- Spalte 1   lfd. Nummerierung
- Spalte 2   Das in der Befragung genannte Dialekt-Wort wurde in der genannten und auf Bitten des Fragestellers anschließend geschriebenen Darstellung ermittelt – unabhängig von irgendeiner „richtigen" oder „falschen" Schreibweise; die Worte in dieser Schreibweise sind authentisch.
- Spalte 3   zeigt die genannte Bedeutung auf, auch diese Angaben sind authentisch.
- Spalte 4   Herkunft der Wörter, Ursprung laut Herkunftsangabe in Spalte 5.
- Spalte 5   Quellen-Nachweis, Literaturangabe
- Spalte 6   HKZ = Herkunftskennzeichen (von 1 bis 9)
  - 1 = Hohenlohe-Schwäbisch
  - 2 = Hohenlohe-Fränkisch
  - 3 = Region Spiegelberg
  - 4 = Südwürttemberg, Oberschwaben, Allgäu
  - 5 = Gesamt-Württemberg
  - 6 = Deutschland ohne Einzelgebietsnennung
  - 7 = Keltisch
  - 8 = Französisch
  - 9 = Etymologie unsicher, nicht eindeutig zuordenbar

Hierzu wurden die im Quellenverzeichnis aufgeführten Quellen verwendet.

Herkunftsnachweis der ermittelten Wörter

6.1.2 Etymologie der Dialektwörter

Nr.	GW [91])	Ermittelte Dialektwörter		Ermittelte Herkunft	Literatur	HKZ [92])
		Schriftform	Bedeutung	Erläuterungen	Quellen	
(1)	1	a Stimm wie a Erbelham	eine dünne Stimme haben	Erbel = Erdbeere (Walderdbeere) Der Bezug Stimmlage zu Erbel ist unwahrscheinlich; Eher ein Bezug zu Erpel = männl. Ente	Schönleber (1931), 224 Meyers (1897)5, 970	1
(2)	1	achiern	ärgern, spötteln	Gebiet Mainhardter Wald in Nordwürttemberg	Schönleber (1931), 224	1
(3)	1	allbot	hie und da	Auch albot, elbot, elabot = oftmals, manchmal, hie und da; fränkischer Herkunft	SWB (1904) 1, 135 Schönleber (1931), 224	2
(4)	54	angerscha	Futterrüben	Angerse = Futterrübe, Runkelrübe, Gegend von Heilbronn	SWB (1904) 1, 208	1
(5)	18	Anwalt Anwald[93]	Ortsvorsteher	Gemeindebeamter, der Gehilfe des Schultheissen, vom Gehilfen zum Ortsvorsteher mutiert; aus der Gegend von Heilbronn	SWB (1904) 1, 281	1
(6)	59	Anwander/ Owander	Böschung, Wiesenrain	Hauptsächlich nordwestlich von Deutschland gebrauchtes Wort: Anwand = das Ende, die Schmalseite des Ackers; rechtl. Eigentumsverhältnisse sind oft umstritten	SWB (1904) 1, 282	6
(7)	58	Aqua	Wasser – zum Wurst strecken	Wurde umgangssprachlich im Raum Heilbronn als Füllmittel zur Wurstherstellung bezeichnet	lat.	3
(8)	1	Baiala	kleines Handbeil	Kurzstiliges breitrückiges Handbeil. Illertal und Öhringen sowie Oberschwaben	SWB (1904) 1, 796 Schönleber (1931), 223	4
(9)	11	bizikel	Fahrrad	Von Nr. 53 genannt, Herkunft frz.: bicyclette im Raum Hohenlohe gebräuchlich	frz.	8
(10)	11	Blomol	blauer Fleck	Vom nordwestlichen Schwaben bis Rottweil-Schwenningen: abgeleitet von bloan = Flecken	SWB (1904) 1, 1180	4
(11)	10	Blud	ausgeschnittenes Kleid	Wohl abgeleitet von Pluder(-hose), Hohenlohe	SWB (1904) 1, 1219	1

---

[91] GW = Gewährsleute, befragte Personen.
[92] HKZ = Herkunftskennzeichen.
[93] Anwalt = Anwald unterschiedliche Schreibweise, s. auch A 282 Bü. 1532-1 o. fol. vom 22.07.1775, Brief von Fabrikdirektor Justus Friderich Clemens an Herzog Carl Eugen.

Herkunftsnachweis der ermittelten Wörter

Nr.	GW [91])	Ermittelte Dialektwörter		Ermittelte Herkunft	Literatur	HKZ [92])
		Schriftform	Bedeutung	Erläuterungen	Quellen	
(12)	1	Brächhälder	Fastnachts-narr	Vermutlich abgeleitet von Brache = nicht bearbeitetes Land; jemand, der vom „Brachland" kommt. Im Gebiet Mainhardter Wald/Nordwürttemberg ist ein Brächhälder allerdings ein Fastnachtsnarr	SWB (1904) 1, 1331 Schönleber (1931), 224	1
(13)	1	bräga	heulen	Oberschwaben/Baar: bragen = heftiges, zorniges Weinen und Schreien der Kinder; auch vom Lachen bis zum Ersticken Gebiet Nordwürttemberg, Mainhardter Wald	SWB (1904) 1, 1340 Schönleber (1931), 224	4
(14)	10	Brema	Insekten (Bremsen)	Allgäu: Breme = Bremse, Schmeissfliege, bes. Pferdebremse	SWB (1904) 1, 1394	4
(15)	10	Brestling	Erdbeeren	Allgem. schwäb. und Gebildetensprache: Prästling (Brostel, Praster) = Garten-Erdbeere. Nur die im Garten angebaute, nicht die wildwachsende, Erbeere ist gemeint.	SWB (1904) 1, 1355	5
(16)	35	Bütte	Weinbehälter auf dem Kopf/Wagen	Auf dem Rücken zu tragendes Gefäß; zum Wassertragen und zum Transport der im Weinbau geschnittenen Trauben; Gegenden in Schwaben mit Weinbau	SWB (1904) 1, 1562	1
(17)	10	Buttola	Ohrringe	Schwäbisch: Buton = Ohrring vom französichen bouton	SWB (1936) 6.2, 1713	8
(18)	1	d´Stub isch net k´ehrt	ungebetene Gäste sind anwesend	Von einer Informantin genannte Redewendung im Hohenlohischen; Tochter eines Gastwirts		1
(19)	10	daudaman	jd. benimmt sich wie ein Clown, Kasper; ist hypernervös	Von Daudel = Schimpfname für ein ungelenkes Weib; daudlig = tappig, tapsig Hohenlohe	SWB (1908) 2.1, 106	1
(20)	35	Dengl	Schärfstein zum Schleifen	Ursprung: Dangel = durch Dängeln erreichte Schärfe der Sense oder Sichel; Gesamtwürttemberg	SWB (1908) 2.1, 48	1
(21)	1	dr Welfling noch kafa	wohlfeil, billig kaufen	Von wohlfeil = billig; seit alters her eigenes mundartl. Wort	SWB (1924) 6.1, 926	5
(22)	57,	Drokar,	Stichwerk-	Vermutlich v. lat. trucidare ab-	Meyers	9

Herkunftsnachweis der ermittelten Wörter

Nr.	GW	Ermittelte Dialektwörter		Ermittelte Herkunft	Literatur	HKZ
[91])		Schriftform	Bedeutung	Erläuterungen	Quellen	[92])
	63	Drocker, Trokar	zeug gegen Blähbauch b. Vieh	geleitet = abschlachten Meyer: Trokar = chriurgisches Instrument zum Ablassen von Gasen und Flüssigkeiten; frz. trocart = Trokar (für Punktionen verwendetes chirurgisches Instrument)	(1897) 16, 1048; Duden, das große Wörterbuch der deutschen Sprache (1987), 6, 2633	
(23)	35	Ehm	Weinmaß oder Gebinde	Ehm = Ohm (Ahm, Aam), niederhochdeutsch. Flüssigkeitsmaß, besonders für Wein mit unterschiedlichen (regional verschiedenen) Inhaltsmengen.	DWB (1984) 13, 1200 Krünitz (1806) 104, 754-755	6
(24)	35	Eimer	Faß mit 300 Ltr. Inhalt	Behälter mit einer nahezu unendlichen Anzahl von Inhaltsmengen; vorliegend handelt es sich um einen Weinbehälter mit 300 Liter Inhalt, der vor allem in Württemberg gebräuchlich ist	SWB (1908) 2, 577	5
(25)	10	ember, imber	Doernen = Himbeeren	Hember = Himbeeren; in unterschiedlichsten Abwandlungen in Württemberg	SWB (1911) 3, 1585	5
(26)	1	Falma	Pappel	Gebiet Mainhardter Wald/Württemberg	Schönleber (1931), 224	1
(27)	59	Fernde	altes Huhn	Fernen, fernig = vorjährig; wurde wohl übertragen auf ein nicht mehr junges Huhn; deutsche Dichtungen: Ferniger Wein = vinum annotinum XE "Vinum annotinum" \f "s" [94]	SWB (1908) 2.2, 1252	6
(28)	11	Fund	schlechtes Licht, Funzel	Von einem Bürger aus Neulautern mit guten Kenntnissen des Rotwelsch genannt; im Raum Hohenlohe gebräuchlich	Herkunft nicht nachweisbar	10
(29)	1	Gaggalich	Eier	Abgeleitet von gackeren = Gaggara = gackern; die Henne gackert erst, wenn sie ein Ei gelegt hat.; allgemein schwäbisch/Mainhardter Wald	SWB (1911) 3, 11 Schönleber (1931), 223	1
(30)	48	Gebbelhahn	Antrieb (zur Futterschneid-	Die Göpelmaschine (auch Göbel) ist ein von einem Pferd bewegtes Triebwerk, das an	SWB (1911) 3, 750	4

---

[94] Vinum annotinum = vorjähriger Wein.

Herkunftsnachweis der ermittelten Wörter

Nr.	GW [91])	Ermittelte Dialektwörter		Ermittelte Herkunft	Literatur	HKZ [92])
		Schriftform	Bedeutung	Erläuterungen	Quellen	
			maschine)	einer vertikalen in Drehung versetzten Hauptwelle und durch einige Umsetzungen die zum Betrieb von Arbeitsmaschinen notwendige Kraft erzeugt.	DWB (1984) 8, 958-959	
(31)	10	Gelveigel	Goldlack (Blumenart)	Meyer: Gelveigel = Goldlack = Gelveigelein (lat.: cheiranthus) In ganz Deutschland bek. (nhd), schwäbische Kurzform: Gelveigele	Meyers (1897) 5, 1040 SWB (1911) 3, 742	6
(32)	19	Glufa	Steck-, Sicherheitsnadel	Glufe = Stecknadel; Württ.	SWB (1911) 3, 717	5
(33)	19	Gollicht	Kerze	Gollicht = Talglicht, Kerze Mainhardter, Murrhardter Wald, Hohenlohe	SWB (1911) 3, 747	1
(34)	7, 40, 53, 54	Grombira	Kartoffeln	Kartoffel, auch Erdbirne, Grübling oder Erdapfel und noch weitere Namen; ins Schwäbische als Grundbirne = Grombira übernommen	DWB (1984) 9, 761ff. SWB (1911) 3, 874	6
(35)	53, 63	Gondele (Grondele)	Kaufmann (aus Jux)	Gondele = von hin und her gondeln (auf Reisen sein); der Kaufmann ist auf Reisen; Lied: „gi ga gondele..." Vermutlich besteht ein Bezug zu ital. Gondola = Gondel, die hin und her fährt; im Raum Spiegelberg gebräuchlich	SWB (1911) 3, 749	9
(36)	1	Guggause	Tüte	Guckause = Tüte, Gucke Hohenlohe, Kochertal	SWB (1911) 3, 892 Schönleber (1931), 224	1
(37)	11	Gumba	plötzl. Vertiefung des Bachs	Gump, Gomb = tiefe Stelle in stehendem oder fließendem Wasser; allgem. bezeugt in Hohenlohe	SWB (1911) 3, 920	1
(38)	1	Häffza	Hagebutten	Hambutte, Hagenbutz, Hanbutte = Früchte der Heckenrose Von Ulm bis Öhringen/Mainhardter Wald	SWB (1911) 3, 1037 Schönleber (1931), 223	5
(39)	11	Halbwoag	Befestigung zum Wagscheit	Herkunft aus Reutlingen, Tübingen, Calw; im Raum Hohenlohe gebräuchlich	SWB (1924) 6.1, 358	4
(40)	11	Hausehre	Hausgang	Hausern = Hausgang, -Flur, Laube, Tenne; von Hausern abgeleitet	SWB (1911)	4

Herkunftsnachweis der ermittelten Wörter

Nr.	GW [91])	Ermittelte Dialektwörter		Ermittelte Herkunft	Literatur	HKZ [92])
		Schriftform	Bedeutung	Erläuterungen	Quellen	
				Ursprung Südwürttemberg	3, 1278	
(41)	10	Hommel	Stier	Herkunft Südbayern/Schwaben als Hummel, Heige, Heine; im Raum Hohenlohe gebräuchlich	SWB (1911) 3, 1866	4
(42)	1	Huddlich	kleine Betten	Basis vermutlich Hudel = Lumpen, kleines Tuch zum Abwischen, Ursprung Südwürttemberg	SWB (1911) 3, 1851	4
(43)	1	Jagin	Jagst	von jagas = kalt (keltisch); Fluss in Nordwürtt./Hohenlohe	SWB (1914) 4.1, 65	7
(44)	11	Jöchle	Joch (Zusammenhalten von 2 Leitern)	Jöchle = Teil von Gerätschaften, meist Querhölzer, die das obere Ende zusammenhalten, verbreitet in ganz Württemberg	SWB (1914) 4.1, 96	5
(45)	7	Jud(e)	Händler, Viehhändler	Neben anderen Bezeichnungen (Jude als Angehöriger seines Volksstammes, als Kennzeichnung für Nicht-Christen in alter Zeit usw.) ist der Jude auch Handelsmann, hauptsächlich Viehhändler; oft auch als Schimpfwort gebraucht – z. B. Wucherer[95]	SWB (1914) 4.1, 111 Friedrich Kluge (1963) 871 DWB (1984), 10, 2352	6
(46)	35	Jud	Sandstein, dessen Lagerschichten nicht normal verlaufen	Von Nr. 35 genannt, Herkunft nicht nachweisbar; im Raum Hohenlohe gebräuchlich; u. a. wurde als ein Jude ein in ihrer Zeremonie noch ungetaufter Handwerker genannt	DWB (1984), 10, 2353	10
(47)	7	Juxer	Messerstecher	Landsmannschaftliche Bezeichnung der Spiegelberger für einen Bewohner des damaligen Nachbarortes Jux (heute eingemeindet)[96]	DWB (1984), 10, 2350 Jucks, Jux = Schmutz, Dreck	3
(48)	1	Kak	Kocher	von chohan = krümmen (kel-	SWB (1914)	7

---

[95] Schacher und Wucher stellten im 18./19. Jh keine definierten Begriffe dar, sondern wiesen den Charakter von Metaphern auf: oft war von *Schacher und Wucher* der Juden die Rede (vgl. Stefan Rohrbacher u. Michael Schmidt (1998): Judenbilder, Kulturgeschichte antijüdischer Mythen und antisemitischer Vorurteile, Reinbek 1998, S. 79).
Wucher = mhd. wuocher = Zins, Gewinn, Frucht, Erlös (vgl. Friedrich Kluge (1963): Etymologisches Wörterbuch der deutschen Sprache, 19. Auflage, Berlin 1963, S. 871).

[96] Im Jahr 1789 wurde der Juxer Bürger Christoph Gross zu einer 10-jährigen Zuchthausstrafe verurteilt, weil er falsche Münzen erstellt und deren Erogierung im Oberamtsbezirk Marbach vorgenommen hatte (vgl. HStAS A 8 Bü. 348 fol. bzw. Qu. 51 v. 16.05.1789).
Erogation = Verteilung, Auszahlung (vgl. Karl E. Demandt (1979), S. 86).

Herkunftsnachweis der ermittelten Wörter

Nr.	GW [91])	Ermittelte Dialektwörter		Ermittelte Herkunft	Literatur	HKZ [92])
		Schriftform	Bedeutung	Erläuterungen	Quellen	
				tisch), Fluss in Hohenlohe	4.1, 562	
(49)	11, 54	Karst, Karsch	2- oder 3-zackige Harke, ggf. u-förmig	Karst = 2 – zinkige Harke, Hohenlohe, Öhringen/Pfedelbach	SWB (1914) 4.1, 237	1
(50)	59	Kauder	Truthahn	Herkunft aus Württemberg: Kauter = männl. Taube; im Raum Hohenlohe gebräuchlich	SWB (1908) 4.1, 101	5
(51)	13	Kauderwelsch	Unsinn	kauderwälsch = unklar, unverständlich; Bewusstsein des Fremden, undeutsch neuhochdeutsch Ein Zigeuner, Gauner, den man nicht versteht, ist kauderwälsch	SWB (1914) 4.1, 287	6
(52)	19	Keitel	männl. Taube	Herkunft aus Württemberg: Kauter = männl. Taube; im Raum Hohenlohe gebräuchlich, vgl. Kauder	SWB (1908) 4.1, 101	5
(53)	11	Ketze	Butte	Kesse = Kessel zum Aufhängen, davon abgeleitet Südwürttembergisch Findet im Hohenlohischen augenscheinlich Verwendung wie die Butte (s. dort)	SWB (1914) 4.1, 350	4
(54)	59	Klifle	Stecknadel	Glufe = Stecknadel; Württ.	SWB (1911) 3, 717	5
(55)	35	Koller	unzufriedener Mensch	Koller = Der ugs-Ausdruck für „Wutausbruch, Tobsuchtsanfall", geht auf mhd. Kolre = Wut zurück. Quelle des Wortes ist griech./lat.: Choléra = Zornesausbruch	Duden Bd. 7 [97] (1989) 7, 363	9
(56)	11	Kuhk´omat	Kuhgeschirr	Von kummet = Halsgeschirr, Herkunft Württemberg; im Raum Hohenlohe gebräuchlich	SWB (1914) 4.1, 833	5
(57)	11	Kumpf	Wetzsteinbehälter	Kumpf = hölzerner, kleiner köcherartiger Behälter für den Wetzstein Württemberg	SWB (1914) 4.1, 836	5
(58)	10	Labschießer	Vorrichtung zum Broteinschieben beim Backen	Lab = Beize, Lauge (zum Brot einpinseln); Württ., im Raum Hohenlohe gebräuchlich	SWB (1914) 4.2, 901	5

---

[97] DUDEN Bd. 7 (1989): Etymologie der deutschen Sprache, 2. Auflage, Mannheim/Wien/Zürich 1989.

Herkunftsnachweis der ermittelten Wörter

Nr.	GW	Ermittelte Dialektwörter		Ermittelte Herkunft		Literatur	HKZ
	[91])	Schriftform	Bedeutung	Erläuterungen		Quellen	[92])
(59)	1	Ladern	Leiter	Vermutlich von Laden = Brett, Bohle Württemberg		SWB (1914) 4.2, 914	5
(60)	10	Lambarie	Umrandung, Stuck	Vom französischen lambris = Täfelung, Stuck; Stammt wie einige andere franz. Wörter aus Zeiten Napoleons (ca. 1800)		frz.	8
(61)	59	Latzel	Zaumzeug der Pferde	Von Latz = Schlinge, Schleife an einem Seil oder Band Crailsheim, Ellwangen		SWB (1914) 4.2, 1017	1
(62)	1	Leib von Ecke	Burgecke	Herkunft von Leib = Körper, auch von Sachen; Württ., im Raum Hohenlohe gebräuchlich		SWB (1914) 4.2, 1118	5
(63)	19	Madengala	Schlüsselblume	Von Batenkela = Schlüsselblume abgeleitet, allgemeine schwäbische Grundform = Batenke		SWB (1904) 1, 674	5
(64)	10	Mike	Wagenbremse	Herkunft Micke = Bremse, Hemmholz hinten am Wagen, Oberschwaben; im Raum Hohenlohe gebräuchlich		SWB (1914) 4.2, 1658	4
(65)	1	mit gära tu	aus Absicht tun	Herkunft Hohenlohe: geren, gära = gerne; im Raum Hohenlohe gebräuchlich		SWB (1911) 3, 421	1
(66)	35	Morgen	3 M. = 1 ha 1 Tagwerk = 22 a (bayr.) 1 Tagwerk = 33 a (schwäb.) 1 M. = 1 Tagwerk = Platz, den 1 Pferdegespann (2 Pferde) an einem Vormittag umpflügen kann	M = Morgen = Flächenmaß für Liegenschaften In der Tat weist der Morgen je nach Region unterschiedliche Größen auf. Unterschieden wird auch noch, ob es sich um Garten oder Weinberg, Acker oder Waldstück handelt		SWB (1914) 4.2, 1756ff.	6
(67)	10	Naftolin	schlecht aussehen „Du siehst heute aus wie der Naftolin"	Mit hoher Wahrscheinlichkeit von Naphtolin (Naphtholfarbe) = z. B. schwarze Farbe auf Basis Naphtal (griech.) abgeleitet; im Raum Hohenlohe gebräuchlich[98]		Meyers (1897) 12, 753-754 Friedrich Kluge (1963), 502	10

---

[98] naftali (נפתלי) = einer der 12 Söhne Jacobs (AT).

Herkunftsnachweis der ermittelten Wörter

Nr.	GW [91])	Ermittelte Dialektwörter		Ermittelte Herkunft	Literatur	HKZ [92])
		Schriftform	Bedeutung	Erläuterungen	Quellen	
(68)	1	niweln	leicht regnen	Auch nebeln = leicht nebelig; Gebiet Mainhardter Wald in Nordwürttemberg/Hohenlohe	Schönleber (1931), 224	1
(69)	10	orschel	sich daneben benehmen	Herkunft evtl. von erschellen = tönen? Nicht gesichert; im Raum Hohenlohe gebräuchlich	SWB (1908) 2.1, 838	10
(70)	10	Padder, Potter	Halskette, Schmuckkette	Genannt von einer Kennerin mit profunden Heimatkenntnissen, Herkunft nicht nachweisbar; im Raum Hohenlohe gebräuchlich		10
(71)	11	Plätz	verkrustete Narbe	Von Platz = Fleck (vom polnischen plac(ek) = Fleck abgeleitet?); Herkunft Südd., im Raum Hohenlohe gebräuchlich	SWB (1904) 1, 1178	4
(72)	10	Prauverst	Brombeeren	Von Brofarst = Brombeere abgeleitet; nachweisbar im Raum Brackenheim (Neckar)	SWB (1904) 1, 1434	1
(73)	53, 57	raffeln	schwätzen	Schwäbisch: Raffel = böses oder geschwätziges Maul oder = zänkisches, geschwätziges Weib	SWB (1920) 5.1, 114	5
(74)	1	Ragallie = Dos (Oos) = Aas	böses Weib	Ragallie = böses Weib Vom französischen racaille = Gesindel Mainhardter Wald	SWB (1920) 5.1, 114 Schönleber (1931), 224	8
(75)	2, 7	rallig	läufig	Im Schwäbischen : Rälling = Kater, männlicher Hase (Rammler)	SWB (1920) 5.1, 118	5
(76)	1	rängern	der Schlitten dreht sich	Neben dem Drehen des Schlittens ist hierunter auch ein Ruck zu verstehen; Gebiet Mainhardter Wald/ Nordwürttemberg	Schönleber (1931), 224	1
(77)	10	rendern	spinnen, verrückt sein	rindern = Brunst bei Kühen; das Rindern zeigt sich durch Unruhe, Brüllen, Appetitmangel usw. Herkunft Allgäu; im Raum Hohenlohe gebräuchlich	Meyers (1897), 14, 771 SWB (1920) 5.1, 350	4
(78)	11	Riester	mit Fleck geflickter Schuh	Riester = eingesetzter Fleck Westalb; im Raum Hohenlohe gebräuchlich	SWB (1920) 5.1, 344	1
(79)	13	Rindsbeutel	Schimpfwort	Einer, der die Geschlechts-- Teile b. Vieh verwechselt; Herkunft von Rindsblater = Dummkopf ; im Raum Hohenlohe bekannt	SWB (1920) 5.1, 353	6
(80)	10	romsen	läufig sein	im Raum Hohenlohe gebräuchlich; genannt von einer Kennerin mit profunden Heimatkennt-		10

Herkunftsnachweis der ermittelten Wörter

Nr.	GW [91])	Ermittelte Dialektwörter		Ermittelte Herkunft	Literatur	HKZ [92])
		Schriftform	Bedeutung	Erläuterungen	Quellen	
				nissen, Herkunft nicht nachweisbar		
(81)	1	Roth	rasch dahinfließend	von rad = riden; Rot = Bächle, Brünnlein; Fluss in Mittelfranken	SWB (1920) 5.1, 434	2
(82)	11	Schlurger	nicht den Fuß hebender Geher	Schlurgen = faul gehen, ohne die Füße zu heben Württemberg	SWB (1920) 5.1, 963	5
(83)	35	schmauchen	rauchen	schmauchen = Tabak rauchen Ausgangsort: Dieterskirch, Süd-Württ.	SWB (1920) 5.2, 985	4
(84)	35	Schocker	Heuhaufen	vgl. Schöckle	SWB (1920) 5.2, 1093	5
(85)	35	Schöckle	kleiner Heuhaufen	Schöchle = kleiner Heuhaufen Württemberg	SWB (1920) 5.2, 1093	5
(86)	7, 53	Schoppen	Glas, ½ L	Flüssigkeitsmaß mit teilweise unterschiedlichen (historisch bedingten) Mengeninhalten; heute ½ Liter; Württ.	SWB (1920) 5.2, 1113	5
(87)	1	Schreiwas	Schriftstück	Schreiben = (amtlich/geschäftliches) Schriftstück Württemberg	SWB (1920) 5.2, 1137 Schönleber (1931), 223	5
(88)	1	Seidafordel	Kiefer	Im Gebiet Mainhardter Wald anzutreffen Nordwürttemberg	Schönleber (1931), 223	1
(89)	1	sich an B´hulf gäwe	sich eine Hilfe geben	Behulf, Behelf, Behilf = Hilfe, Herkunft Oberschwaben, Allgäu, Augsburg; im Raum Hohenlohe gebräuchlich	SWB (1904) 1, 783	4
(90)	1	Spitzerle, Spritzerle, Fahna, Schwips, Schiggar, Mostkappe, Affa, Bumbas, Balla, Ballo	Rausch	Neben den in Spalte 2 genannten und in Hohenlohe geläufigen Bezeichnungen gibt es lt. SWB noch eine weitere Reihe Bezeichnungen für Rausch, z. B.: Bläss, Brand, Dampf, Dusel, Fieber, Hannes, Nebel, Sarras, Spitzer, Zopf usw.	SWB 1920) 5.1, 192 Schönleber (1931), 224	6
(91)	11	Steiberer	Baumstütze	Herkunft niederd. Steif = Stift, Stange, Stecken; stippen = befestigen; im Raum Hohenlohe gebr.	Walther Mitzka (1955) 6, 601	6
(92)	10	Stepper	Kartoffelbrei	Stepper = Welschkornknödel Ausgangspunkt: Waiblingen; im Raum Hohenlohe gebräuchl.	SWB (1920) 5.2, 1732	5

Herkunftsnachweis der ermittelten Wörter

Nr.	GW	Ermittelte Dialektwörter		Ermittelte Herkunft		Literatur	HKZ
	[91])	Schriftform	Bedeutung	Erläuterungen		Quellen	[92])
(93)	1	Stierrum Stürrum	Eierhaber (Kaiserschmarrn)	Von herumstieren = drehen Vgl. engl.: to stir = drehen, rühren, aufrühren, stieferen = herumstochern; Oberschwaben/ Allgäu		SWB (1908) 2.1, 565	4
(94)	35	Streubäke	zerkleinertes Tannenholz	Streubecker = Haumesser zum Zerkleinern von Reisig und Holz; Ostalb, Gaildorf, Ellwangen		SWB (1920) 5.2, 1861	1
(95)	1	Tauber, Bühler	Fluss in Hohnelohe/ Franken	Tauber = vorgermanischer Flussname; Franken Alter Name = Buhler von Bilcra = glänzend (keltisch)		SWB (1908) 2.1, 104	7
(96)	1	Trigganing	Trockenheit	Schwäbisch Mainhardter Wald/Nordwürttemberg		Schönleber (1931), 224	1
(97)	1	Vorsitz	zu den Nachbarn (Besuch dort)	Vorsitz (Vorsetz) = im Westen und Norden Württembergs Bezeichnung für abendliche Zusammenkünfte in einem Pivathaus		SWB (1908) 2, 1672	1
(98)	50	Vorsitz	Bänkle vorm Haus	Vorsitz (Fürsitz) = vor anderen sitzen, z. B. auf der Ofenbank, Württemberg		SWB (1908) 2, 1673	5
(99)	35	Welle	Reisigbüschel	Welle = Reisigbündel, als Büschel zusammengebundenes Prügelholz; mit starken Prügeln, 100 Wellen entsprechen 2 qm schwachem Brennholz. Von Bauern angefertigt u. im Tal verkauft; in Hohenlohe gebräuchl.		SWB 1924) 6.1, 666	1
(100)	59	zackern	umpflügen	Zackeren = ackeren = umpflügen; Hohenlohe		SWB 1924) 6.1, 1024	1
(101)	53, 35	Zahner/Zaine	Weidenkorb	Unsicher: Zam, Zoina = Zaun Eher von Zain = in Formen gegossene flache Stäbe von Metallen, die z. B. zu Draht oder Nägeln weiterverarbeitet wurden. , Herkunft vermutl. Deutschland		Siegmund A Wolf (1956). 193 Meyers (1897) 17, 949	10
(102)	1	zemmeln	kleine Zweige als Futter abschneiden	semmeln = Brot aufschneiden und verteilen; Hohenloheschwäbisch		SWB (1920) 5.2, 1358	1

Tab. 16 Etymologie der Dialektwörter

Herkunftsnachweis der ermittelten Wörter

6.1.3 Zusammenfassung und Bewertung der Dialektwörter

Bei der Herkunftsbestimmung trat eine Reihe von Problemen auf:

- Die Aufnahme und Wiedergabe der Dialekt- und Rotwelschwörter erfolgte zunächst ohne genaue Überprüfung, in welche der beiden Kategorien das entsprechende Wort einzuordnen war.[99] Erst durch die etymologische Bestimmung ergaben sich Verschiebungen nach beiden Seiten (z. B. *Hunds- und Katzenfresser* nach Rotwelsch/Jenisch).

- Allgemein bekannte Dialektwörter weichen im Grenzgebiet Hohenlohe (Franken, Schwaben) von den im übrigen Württemberg üblichen Dialektformen zum Teil ab (z. B. *rindern = rendern = Verhalten des Viehs in trächtigem Zustand; spinnen, verrückt sein*).

- Vereinzelt musste zur Herkunftsbestimmung der Umweg über eine umfangreichere Enzyklopädie gegangen werden, um ähnliche Wörter zu finden, die dann wiederum als Eingang zu einem etymologischen Wörterbuch dienen konnten (z. B. *Kartoffeln = Gundbirne = Grombira*).[100]

- Die gefundene Verbindung einzelner Wörter ließ nicht immer den Schluss zu, die richtige Herkunft gefunden zu haben, wenn die etymologischen Wörterbücher nicht erschöpfend weiterhalfen (z. B. *Gondele* von ital. *Gondola = hin und her fahren/gehen; Gondele = Hausierer*).[101]

Die 102 Dialektwörter weisen folgende Herkunft auf:

HKZ	Herkunft aus/von	Anzahl absolut	In v. H.
1	Hohenlohe-Schwäbisch	29	28
2	Hohenlohe-Fränkisch	2	2

---

[99] Vgl. Kapitel 4.2/4.3 Ermittelte Dialekt- und Rotwelschwörter.
[100] Z. B. Meyers (1897); Friedrich Arnold Brockhaus (1885); Walther Mitzka (1955).
[101] Z. B. Siegmund A. Wolf (1956), SWB (1904) und weitere.

Herkunftsnachweis der ermittelten Wörter

HKZ	Herkunft aus/von	Anzahl absolut	In v. H.
3	Region Spiegelberg	2	2
4	Südwürttemberg-Oberschwaben-Allgäu	16	16
5	Gesamt-Württemberg	25	24
6	Deutschland ohne Einzelgebietsnennung	11	11
7	Keltisch	3	3
8	Französisch	4	4
9	Lateinisch	3	3
10	Etymologie unsicher, nicht eindeutig zuzuordnen	7	7
	Gesamtanzahl der Dialektwörter	**102**	**100**

Tab. 17 Zusammenfassung der Herkunftsnachweise der Dialektwörter

Über 2/3 der genannten Dialektwörter sind *schwäbischen* Ursprungs, wobei diese sich wiederum aufteilen in *Gesamtwürttemberger Dialekt* sowie *Oberschwäbische* und *Hohenloher* (Süd- und Nordwürttemberg) *Mundart*.[102]

Elf Wörter waren der Herkunftsregion Deutschland zuzuordnen, während der Anteil des *Fränkischen* wider Erwarten äußerst gering ist: lediglich 2 Wörter fielen in die herkunftsmäßige Kategorie Franken. Dies ist umso erstaunlicher, da gerade die Region Heilbronn/Hohenlohe mit einem gewissen Stolz darauf verweist, an der Nahtstelle zur Region Franken zu liegen. Die „Unterländer" gehören zwar politisch zum Land Württemberg (Baden-Württemberg), fühlen sich jedoch Franken sehr verbunden. Umso verblüffender ist der fehlende Anteil fränkischen Einflusses auf den Dialekt,

---

[102] Vgl. auch Gerhard W. Baur (2002): Bibliographie zur Mundartforschung in Baden Württemberg, Vorarlberg und Liechtenstein, 2. Auflage, Tübingen 2002, passim. Die Bibliographie gibt einen Überblick über die verfügbare Fachliteratur zum Thema Mundartforschung. Es enthält eine Reihe von Kapiteln zu den Mundarten des Referenzgebietes und deren wissenschaftliche Untersuchung und Interpretation.

Herkunftsnachweis der ermittelten Wörter

wobei gerade Heimatbücher des Schwäbisch-Fränkischen Waldes den engen Bezug zur Region Franken betonen.[103]

Vor allem die Namen der Hohenloher Flüsse sind *keltischen* Ursprungs, während insgesamt 7 Wörter mit *französischem* bzw. *lateinischem* Ursprung erkannt werden konnten. Es verbleiben sieben Wörter, deren Herkunft nicht präzise bzw. auch nach intensiver Suche nicht ermittelt werden konnte. Da diese Wörter im Zuge der Ermittlungen genannt und auch auf Nachfrage bestätigt worden sind, muss es weiteren Untersuchungen vorbehalten bleiben, deren Herkunft zu erforschen.

Selbstverständlich werden im Raum Spiegelberg außer den aufgeführten Dialekt-Wörtern noch eine ganze Reihe weitere gesprochen. Aber wie schon an anderer Stelle erwähnt, handelt es sich bei der Aufnahme obiger Dialektwörter um ein Nebenprodukt bei der Erforschung von Rotwelschwörtern. Da jedoch auch der **Dialekt** teilweise die Funktion der Fremdartigkeit Auswärtigen gegenüber besitzt, erscheint der Aufwand obiger Recherche im Zusammenhang mit der Sondersprache **Rotwelsch** gerechtfertigt.

6.2   Etymologie der Rotwelschwörter

Die Problematik der schriftlichen Darstellung einer nicht schriftlich fixierten Sprache zeigte sich auch hier bei der Auswertung und etymologischen Bestimmung der Rotwelschwörter. Die Etymologie des Rotwelschen stellt ein schwieriges Unterfangen dar. Um hier fündig werden zu können, bedarf es lt. Robert Jütte – „mehr noch als in der Gemeinsprache – eines enzyklopädischen Wissens, das sich heute wohl

---

[103]   - Carl Schönleber (1931); Heimatbuch Weinsberger Tal, Mainhardter Wald, Öhringen 1931.
- Barbara Hlauschka-Steffe (1982): Schöner Schwäbischer Wald, Schwäbisch Gmünd 1982.
- Christian Gottlob Barth (1848): Johann   Schmidgall´s Jugendjahre, in: Erzählungen für Christenkinder, Stuttgart 1848, S. 1 bis 62.
- Max Speidel (1925): Heft „Bilder vom Walde", Mainhardter, Murrhardter Wald, gewidmet dem Waldheim Wüstenrot, Heilbronn 1925.

kaum noch in einer Einzelperson verkörpert findet."[104] Es kann deshalb nicht ausgeschlossen werden, dass einzelne Interpretationen fehldeutig sein können, deren Richtigstellung späteren Forschungen vorbehalten ist.

6.2.1 Schreibweise der hebräisch-/jiddisch-stämmigen Wörter

6.2.1.1 Das jiddische Alfabet / Der Jiddischer Alefbeys

Leider liegen keinerlei empirische Erkenntnisse vor, wie sich beispielsweise die Unterhaltung in den Wirtshäusern zwischen den Handlungsreisenden untereinander im nicht-verbalen Teil (schriftlich/Mimik/Gestik) abgespielt hat.

Es darf jedoch als gesichert angenommen werden, dass nicht nur das gesprochene Wort kommunikativ wirkte. Allerdings ist die Art der schriftlichen Informationen kaum überliefert und nur in Ausnahmefällen auf Kassiber festgehalten.[105] Für die jiddische Schreibweise wurde und wird das *Jiddische Alfabet*, der *Jiddischer Alefbeys*, zugrunde gelegt. Jiddisch wird – wie Hebräisch – von rechts nach links geschrieben.

Das Jiddische Alphabet – Der Jiddischer Alefbeys [106]

Yiddish name (1)	Printed letter (2)	Written letter (3)	Transliteration (4)	Phonetic Transcription (when different from transliteration) (5)	Remarks (6)
shtumer alef	א	‍		(silent)	
pasekh alef	אַ	‍	a		
komets alef	אָ	‍	o		
beys	ב	‍	b		

---

[104] Vgl. Robert Jütte (1988), S. 145-179.
[105] Ursprünglich war geplant, die nachstehend ermittelten Rotwelsch-Wörter – soweit sie jiddischen oder hebräischen Ursprungs sind – schriftlich in hebräischer Schrift darzustellen. Aufgrund der problematischen Interpretation der Schriftzeichen musste jedoch darauf verzichtet werden.
[106] Quelle : http://www.hum.au.dk/engelsk/engsv/alefbeys.htm.

Herkunftsnachweis der ermittelten Wörter

Yiddish name (1)	Printed letter (2)	Written letter (3)	Transliteration (4)	Phonetic Transcription (when different from transliteration)	Remarks (6)
veys	בּ	ב	v		only in words of Hebrew origin
giml	ג	ג	g		
daled	ד	ד	d		
hey	ה	ה	h		
vov	ו	ו	u		
tsvey vovn	וו	וו	v		
zayen	ז	ז	z		
khes	ח	ח	kh	[x]	only in words of Hebrew origin
tes	ט	ט	t		
yud	י	י	i / y	[i] / [j]	
tsvey yudn	יי	״	ey		
pasekh tsvey yudn	ײַ	ײַ	ay		
vov yud	וי	וי	oy		
kof	כּ	כּ	k		only in words of Hebrew origin
khof	כ	כ	kh	[x]	
langer khof	ך	ך	kh	[x]	only in word-final position

Yiddish name (1)	Printed letter (2)	Written letter (3)	Transliteration (4)	Phonetic Transcription (when different from transliteration)	Remarks (6)
lamed	ל	ל	l		
mem	מ	מ	m		
shlos mem	ם	ם	m		only in word-final position
nun	נ	נ	n		
langer nun	ן	ן	n		only in word-final position

Herkunftsnachweis der ermittelten Wörter

Yiddish name (1)	Printed letter (2)	Written letter (3)	Transliteration (4)	Phonetic Transcription (when different from transliteration) (5)	Remarks (6)
samekh	ס	O	s		
ayen	ע	ᴆ	e		
pey	פּ	ⓟ	p		
fey	פֿ	ⓕ	f		
langer fey	ף	ｐ	f		only in word-final position
tsadik	צ	ʒ	ts		
langer tsadik	ץ	ϙ	ts		only in word-final position
kuf	ק	P	k		
reysh	ר	ᴉ	r		
shin	ש	℮	sh	[$]	
sin	שׂ	ė	s		only in words of Hebrew origin
tof	תּ	ⱷ	t		only in words of Hebrew origin
sof	ת	ⱷ	s		only in words of Hebrew origin

Tab. 18 Das Jiddische Alfabet / Der Jiddischer Alefbeys

Erläuterungen zu obiger Tabellle:

Spalte 1   Name des hebräischen Buchstabens

Spalte 2   Buchstabe in hebräischer Druckschrift (in der Auswertung wird

diese gebräuchliche Schriftart verwendet)

Spalte 3   Buchstabe in hebräischer Kursiv-/Schreibschrift

Spalte 4   deutscher äquivalente Buchstabe

Spalte 5   Phonetische Transkription

Spalte 6   Hinweise zur Verwendung

In aller Regel werden Texte in Druckschrift (in Zeitungen, Zeitschriften) geschrieben. Die Kursiv-/Schreibschrift (Spalte 3) wird zum Beispiel in Briefen und vergleichbaren Schriftstücken verwendet.

6.2.1.2 Die YIVO-Norm

Die Transkription der in hebräischen Buchstaben geschriebenen jiddischen Wörter erfolgt nach der YIVO-Norm.[107] Diese Norm stellt quasi den Duden für die Umsetzung jiddischer Buchstaben in das lateinische Alfabet dar. Entwickelt wurde diese Norm vom YIVO-Institut in New York.[108]

6.2.2 Angaben der verwendeten Quellen

Die in Kapitel 4 festgestellten wiedererkannten und freigesprochenen Rotwelschwörter wurden zur Auswertung zusammengefasst und in nachfolgender Tabelle 19 dargestellt. Die Anzahl der Wörter differiert in dieser Tabelle gegenüber der Gesamtanzahl der Fallstudie.[109] Dies hat folgende Gründe:

1. Die Tabellen wurden um Wörter, die mehrfach aufgeführt waren, bereinigt.
2. Ähnliche Wörter, die sich z. T. in der Schreibweise unterscheiden, wurden zu einer Wortgruppe zusammengefasst.
3. Wörter in der Rotwelschtabelle, die sich etymologisch als reine Dialektwörter herausstellten, wurden in die Herkunfts-Tabelle für Dialektwörter übertragen (und umgekehrt).

---

[107] Transkription = hier: Übertragung der hebräischen Buchstaben (Schrift) in lateinische Buchstaben (Schrift) nach der YIVO-Norm.
[108] Anschrift: 555 West 57th Street, Suite 1100, New York, N. Y. 10019.
Das Institut wurde 1925 in Wilna/Vilnius (damals: Polen) zur Verbreitung der jiddischen Kultur und des bundistischen jüdischen Gedankenguts gegründet.
Vgl. auch Aktivitäten des Allgemeinen Jüdischen Arbeiterbundes in Deutschland, http://www.juedische-allgemeine.de/article/view/id/737.
[109] Vgl. Aussage Kapitel 5.1 Gesamtübersicht der Untersuchung in Zahlen.

Herkunftsnachweis der ermittelten Wörter

Die Spalten der Tabelle beinhalten

Spalte 1 lfd. Nummer

Spalte 2 Das in der Befragung genannte Rotwelsch-Wort wurde in der genannten und auf Nachfrage durch den Fragesteller anschließend geschriebenen Darstellung ermittelt – unabhängig von irgendeiner „richtigen" oder „falschen" Schreibweise; die Worte in dieser Schreibweise sind belegt.

Spalte 3 zeigt die genannte Bedeutung auf; auch diese Angaben sind authentisch.

Spalte 4 Herkunft der Wörter, Ursprung laut Herkunftsangabe in Spalte fünf.

Spalte 5 Quellen-Nachweis, Literaturangabe

Neben den im Quellverzeichnis dargestellten Quellen konnten im Jahr 2005 noch zwei lebende Zeitzeugen zur Erläuterung der Etymologie der Rotwelsch-Wörter gewonnen werden:

- RACHEL DROR, (2005), Jahrgang 1921 (ehem. erste Polizistin im neu gegründeten Staat Israel 1948): Zeitzeugin für das Dritte Reich; ehemalige Lehrerin für bildende Kunst und Technik in der Sprachheil- und Schwerhörigenschule in Stuttgart; tätig in der Lehrerfortbildung, Synagogenführungen.

- NETANEL WURMSER (2005), Rabbiner der israelitischen Gemeinde in Stuttgart.

6.2.3 Herkunftsbestimmung

lfd. Nr.	GW	Ermittelte Rotwelschwörter		Ermittelte Herkunft	Literatur/ Informant(in)	HKZ
		Schriftform	Bedeutung	Erläuterungen	Quellen	
(1)	53	Aaf	Mann, man	Manisch[110]	Rachel Dror (2005)	11

---

[110] Manisch (zigeunersprachlich beeinflusst): reine Gassensprache, vorwiegend von Jugendlichen gesprochen; vom fahrenden Volk (u. a. Zigeuner und den Jenischen verbreitet). Lange Zeit (bis in die 60er Jahre hinein) wurde in Teilen Eislingens die Rotwelschsprache Manisch

Herkunftsnachweis der ermittelten Wörter

lfd. Nr.	GW	Ermittelte Rotwelschwörter Schriftform	Bedeutung	Ermittelte Herkunft Erläuterungen	Literatur/ Informant(in) Quellen	HKZ
	57			hebräischen Ursprungs: *aw* = *Vater* jiddisch: *Av* = *Vater o. Mann*	Uriel Weinreich (1968), 4	
(2)	57	Äausker	Gutsbesitzer	Hebräisch: *Äsekh* = *Geschäft* ggf. slaw. Ursprungs	Rachel Dror (2005) Jaacov Lavy (1980), 285	12
(3)	7 57	Aches	Bruder, der auf dem Hof geblieben ist - im Gegensatz zum fortgezogenen Bruder	Hebräisch: *ach* = *Bruder* Jiddisch: *aches* = *Bruder* Schlausmen: *Aches* = *Bruder*	Rachel Rachel Dror (2005) Siegmund A. Wolf (1956), 32 Uriel Weinreich (1968), 29 Robert Jütte (1978), 88	11
(4)	7 53 57	Achile, Achilon	Essen	hebräischen Ursprungs: *achila* = *Essen* Jiddisch: *Achile* = *Essen* Schwäb. Händlersprache, z. B. in Pfedelbach Schlausmen: *Achile* = *Essen*	SWB (1904) 1, 89 Siegmund A. Wolf (1956), 30 Uriel Weinreich (1968), 100 Rachel Dror (2005) Robert Jütte (1978), 88 Christian Efing (2005), 175	11
(5)	2 53 57	achilen, acheln	essen	Schwäb. Händlersprache, z. B. in Pfedelbach Übernahme ins Jenisch hebräischen Ursprungs: *leechol* = *essen* Jiddisch: acheln = essen Schlausmen: *acheln* = *essen* Jenisch: acheln = essen	SWB (1904) 1, 89 Siegmund A. Wolf (1956), 30 Uriel Weinreich (1968), 100 Rachel Dror (2005) Robert Jütte (1978), 88 Robert Jütte (1988), 181 Hans-Günter Lerch (1976), 165 Jörg Bergemann (2012), 41 Christian Efing (2005), 175	11
(6)	53	Auscher,	Reichtum	Das Wort auscher heißt	SWB (1904) 1, 461	11

gesprochen.
Vgl. Arnold Vatter (1971): Zigeuner und das Jenische, in: Geislinger Geschichtsblätter, Nr. 4, 1971.
Vgl. auch Hans-Günter Lerch (1976): "Tschü lowi..." Das Manische in Gießen. Die Geheimsprache einer gesellschaftlichen Randgruppe, ihre Geschichte und soziologischen Hintergründe. Frankfurt am Main 1976, passim.

Herkunftsnachweis der ermittelten Wörter

lfd. Nr.	GW	Ermittelte Rotwelschwörter		Ermittelte Herkunft	Literatur/ Informant(in)	HKZ
		Schriftform	Bedeutung	Erläuterungen	Quellen	
	57	Üscher		reich, wohlhabend, Händlersprache in Pfedelbach jenisch, hebräisch: *aschir* = reich, wohlhabend jiddisch: *oischer* = reicher Mann Schlausmen: *Auscher* = Gutsbesitzer und Sensenhändler, der Lohnhausierer beschäftigt Schlausmen: *Usches* = Wirtshaus	Rachel Dror (2005) Siegmund A. Wolf (1956), 187 Jaacov Lavy (1980), 526 Robert Jütte (1978), 91, 176 Duden (1992): 129	
(7)	7 53 57	Bachert, Pachert, Baukert	Ortsvorsteher, Bürgermeister,	Hebräisch: *bachur* = Bursche Jiddisch: *bocher /boycher* = Bürgermeister Schlausmen: *Baukert* = Bürgermeister	Siegmund A. Wolf (1956), 222 Rachel Dror (2005) Robert Jütte (1978), 93 Jaacov Lavy (1980), 12	2
(8)	7 57	Bais, Bajes	Haus	Das Wort findet sich schon im ältesten Rotwelsch u. ist in vielen Abwandlungen überliefert Hebräischen Ursprungs: *bajith* = Haus Jiddisch: *beys* = Haus, Gastwirtschaft, Kneipe Schlausmen: *baies* = Haus Jenisch: *bajes* = Haus	SWB (1904) 1, 580 Siegmund A. Wolf (1956), 246 Christian Efing (2004), 62 Rachel Dror (2005) Friedrich Kluge (1987), 394 Jaacov Lavy (1980), 323 Robert Jütte (1978), 92, 93 Christian Efing (2005), 184	2
(9)	7	Balle, guatballes	gottlos	Lt. SWB ist ein Balle ein *dummer Mensch*; inwieweit hier auf gottlos geschlossen werden kann, ist offen Lt. Efing ist *balle* das Subst. für Haare (Schausteller-Jenisch); bei Wolf nicht verzeichnet Jenisch: *balle* = Wald	SWB (1904) 1, 592 Christian Efing (2004), 61 Jörg Bergemann (2012), 43	13
(10)	7 57	Barböusker	Schmied	Ursprungswort = *Barhauser* Händlersprache, Jenisch Barhauser Stein = der Zigeunerschmied benutzt selten einen Amboss; Schlausmen:	Siegmund A. Wolf (1956), 309 Robert Jütte (1978), 92	13

Herkunftsnachweis der ermittelten Wörter

lfd. Nr.	GW	Ermittelte Rotwelschwörter Schriftform	Bedeutung	Ermittelte Herkunft Erläuterungen	Literatur/ Informant(in) Quellen	HKZ
				Barbauser = Schmied Wolf: Barbauser = Schmied		
(11)	7 11 40 54 57 63	Bedüchen, Betug	vermögend oder gut situiert	Hebräisch: batuacht = vertrauend Jiddisch: betuekh = reich Schlausmen: beduchen = betrügen Wolf: beducht = reich (u. a.) Jenisch: beducht = reich	SWB (1904) 1, 977 Siegmund A. Wolf (1956), 440 Uriel Weinreich (1968), 63 Friedrich Kluge (1987), 395 Robert Jütte (1978), 94 Jaacov Lavy (1980), 726 Jörg Bergemann (2012) 43	2
(12)	7 57	Beheyme, Behemes	Kuh	Hebräisch: behema = Kuh Jiddisch: beheyme = Kuh Schlausmen: Behaime = Kuh, dto. bei Wolf	Rachel Dror (2005) Siegmund A. Wolf (1956), 377 Uriel Weinreich (1968), 71 Robert Jütte (1978), 94	2
(13)	7 57	Bemsche	Geschäftsbuch, Notizbuch	Vermutlich jenischer Herkunft, von 2 Viehhändlern genannt, in gängiger Literatur nicht aufzufinden, jedoch im Schlausmen vorhanden Schlausmen: Bemsche = Auftragsbuch	Robert Jütte (1978), 95	10
(14)	7 57	bemschen benschen	beichten; negativ, ironisch gemeint beten	Händlersprache, teilweise ironisch gemeint Jiddisch: benschen = beten, segnen Jenisch: benschen = beten Schlausmen: bemschen = beichten lat. benedicere = segnen	Siegmund A. Wolf (1956), 410 Rachel Dror (2005) Uriel Weinreich (1968), 246 SWB (1936) 6.2, 1617 Robert Jütte (1978), 95	11
(15)	2 7 53 57	beriweln, beschulmen, meschumeln	bezahlen	Ursprung hebräisch: mechalam= bezahlen Jiddisch: beschulmen = bezahlen Schlausmen: beriweln = bezahlen Wolf: bereimeln = bezahlen jenisch: beschulmen = bezahlen Manisch: beräumen, auch beschäumen = bezahlen	SWB (1904) 1, 908 Rachel Dror (2005) Uriel Weinreich (1968), 233 Siegmund A. Wolf (1956) 412 Robert Jütte (1978), 95 Jörg Bergemann (2012), S. 44, 105 Hans-Günter Lerch (1976), 175-176	2

Herkunftsnachweis der ermittelten Wörter

lfd. Nr.	GW	Ermittelte Rotwelschwörter Schriftform	Bedeutung	Ermittelte Herkunft Erläuterungen	Literatur/ Informant(in) Quellen	HKZ
(16)	7 53	bicken, picken	essen	Rotwelsch = essen, auch pickus = essen essen wie ein Vogel Manisch: picken = essen Jenisch: picken, piken = essen	SWB (1904) 1, 1095 Jörg Bergemann (2012), S. 77[111] Hans-Günter (1976), 178 Christian Efing (2005), 175	10
(17)	2	bockolo bokelig	großer Hunger, großen Hunger haben	Zigeunersprachlich: bokh = Hunger, bokhalo = hungrig Schwäbische Händlersprache: Boggelo = Hunger, auch Bockelo, Bogelo, Bogalo; Bock = Hunger (Schausteller-Jenisch) Manisch: bockli = hungrig	SWB (1936) 6.2, 1674 Christian Efing (2004), 64 Hans-Günter Lerch (1976), 180 Christian Efing (2005), 175	3
(18)	53 57	Bonem	Gesicht/ Fratze	Hebräisch: panim = Gesicht Jiddisch: ponim = Gesicht Jenisch: bonem = Maul, Po-Gesicht Manisch: bonum = Gesicht Jenisch: bonum, bone = Maul, Mund	Rachel Dror (2005) SWB (1936) 6.2, 1676 Uriel Weinreich (1968), 115 Siegmund A. Wolf (1956), 4306 Hans-Günter Lerch (1976), 181 Jörg Bergemann (2012), 46	11
(19)	7 57	Bora	Kuh	Hebräisch: para = Kuh Jiddisch: bore = Kuh Judendeutsch, Bore = hässliche, alte Kuh; hauptsächlich im Raum Hohenlohe (Künzelsau und weiterer Umgebung) Schlausmen: bore = Kuh Jenisch: bor, por, bohre = Kuh	SWB (1904) 1, 1295 Christian Efing (2004), 65 Jaacov Lavy (1980), 401 Robert Jütte (1978), 97 Jörg Bergemann (2012), 46	13
(20)	2	brobe	geknifft[112] - gut verkauft	In der Literatur nicht auffindbar; vermutlich jenisch, jedoch Herkunft nicht geklärt		10
(21)	7	broches	zornig	Hebräisch: roges = Zorn, Är-	SWB (1904) 1, 1433	11

---

[111] Jörg Bergemann (2012): Das Schlossberger Jenisch, Studien zu Überlieferungslage und zum Wortschatz, Hamburg-Münster 2012, passim.
[112] Duden 10 (2002): Das Bedeutungswörterbuch; Mannheim, Leipzig, Wien, Zürich 2002, S. 537: Kniff = kleiner (unerlaubter) Kunstgriff.

Herkunftsnachweis der ermittelten Wörter

lfd. Nr.	GW	Ermittelte Rotwelschwörter Schriftform	Bedeutung	Ermittelte Herkunft Erläuterungen	Literatur/ Informant(in) Quellen	HKZ
	57			ger; Jiddisch: broges = zornig sein Jenisch in Ohringen, Pfedelbach: broches = beleidigt sein Manisch: rochus = Zorn	Jaacov Lavy (1980), 40 Hans-Günter Lerch (1976), 273 Jörg Bergemann (2012), 47	
(22)	7	Bröer	Fabrikant	Schlausmen: Bröer = Schmied	Robert Jütte (1978), 97	10
(23)	7 53 57	Burgefieker, Bürgesiker	Bürgermeister	Schlausmen = Bürgermeister Etymologie des Grundworts noch ungeklärt; Wolf: Bürgermorum = Bürgermeister	Robert Jütte (1978), 98 Siegmund A. Wolf (1956), 777	10
(24)	7 57	Buser, Busser	Fleisch; „hat gutes Fleisch", z. B. kräftige Schenkel	Hebräisch: bassar = Fleisch Jiddisch: bassar = Fleisch Schlausmen: schoinen Bauser = fettes Fleisch Manisch: bussno = Ziege	Rachel Dror (2005) Jaacov Lavy (1980), 234 Robert Jütte (1978), 167 Hans-Günter Lerch (1976), 185	2
(25)	2	chi, tschi	nicht	Händlersprache = nein; Zigeunersprache: tsi = nein, nicht Manisch: tschü = nicht, nein, kein Jenisch: tschi = nein	Siegmund A. Wolf (1956), 5942 Hans-Günter Lerch (1976), 206 Jörg Bergemann (2012), 92 Christian Efing (2005), 248	3
(26)	2, 7	dalles	arm, schrottreif, nicht gut	Hebräisch: dalut = arm Jiddisch: dales = Armut , Geldmangel, Not; den Dalles haben = kein Geld besitzen; stammt aus dem Hebräischen	SWB (1908) 2.1, 41 Rachel Dror (2005) Jaacov Lavy (1980), 41	2
(27)	7	Damp	Zechpreller, jemand, der kein Geld zum Bezahlen hat	Weiblicher Cretin[113] Dampel-Hanes = dummer, tappiger Mensch, Tölpel Weitere Bedeutung = leichter Rausch Schlausmen: Damp = jemand, der nicht zahlen kann	SWB (1908) 2.1, 45 Robert Jütte (1978), 99	13
(28)	2	Dänemann Dämemann	Kopfstoß	Von einem Schausteller im Verband der südd. Schausteller genannt, vermutlich		10

---

[113] Cretin (frz.) = Dummkopf, Einfaltspinsel.

Herkunftsnachweis der ermittelten Wörter

lfd. Nr.	GW	Ermittelte Rotwelschwörter Schriftform	Bedeutung	Ermittelte Herkunft Erläuterungen	Literatur/ Informant(in) Quellen	HKZ
				jenisch, jedoch nicht nachweisbar; nicht auffindbar		
(29)	2 7 57	dibbern	sprechen	Schwäbische Händlersprache: auch *dipellen, düberen, düwweren usw.* = *reden* Pfedelbacher Jenisch: *dibbern, dibbren, dibern, dibra* = *reden, sprechen, sagen* Ursprung hebräisch: *ledaber* = *reden* Schlausmen: *dibbern* = *sprechen*	SWB (1908) 2.1, 186 Siegmund A. Wolf (1956), 1007 Rachel Dror (2005) Jaacov Lavy (1980), 606 Robert Jütte (1978), 100 Jörg Bergemann (2012), 50 Christian Efing (2005), 248	11
(30)	2 7 57	doff, toff	Gut bis sehr gut, schön	Hebräisch: *tow* = *gut* Jiddisch: *tow* = *gut* Rotwelsch, Jenisch, Jüdisch; hauptsächlich Öhringen/Pfedelbach Wolf: *tof* = *gut* Schlausmen: *toff* = *gut* Jenisch: *doff* = *pfiffig; tof* = *fein*	SWB (1908) 2.1, 246 Rachel Dror (2005) Siegmund A. Wolf (1956), 5849 Jaacov Lavy (1980), 312 Robert Jütte (1978), 100 Jörg Bergemann (2012), 50, 92	11
(31)	7 57	Doffmausk	Katholik	Schlausmen: *Doffmausk* = *Katholik;* Wolf: *dofelManisch* = *katholisch* Händlersprache der Pfälzer (vgl. Pfedelbacher Jenisch-Herkunft)	Robert Jütte (1978), 101 Siegmund A. Wolf (1956), 1045	13
(32)	7 57 63	doffte Massematte	Geschäft, gutes Geschäft	Hebräisch: *massa´umatan* = *Verhandlung;* ins Jenische übernommen, Öhringen/Pfedelbach; das Wort wird als jüdisch empfunden, wird von Nichtjuden verächtlich gebraucht Jenisch: *masematte* = *zweifelhafte Beschäftigung* Schlausmen: *doffe masematte* = *gutes Geschäft*	SWB (1908) 4.2, 1517 Jaacov Lavy (1980), 710 Robert Jütte (1978), 100 Jörg Bergemann (2012), 72	11
(33)	7	Dommert	Ofen	hebräisch = *tannur* jiddisch = *tannur,* auch *Danner, Dammert, Dammer*	Siegmund A. Wolf (1956), 5747 Jaacav Lavy (1980), 478	10
(34)	7 57	dorma	schlafen	Lat: *dormire* = *schlafen* Jenisch: *durme* = *halb wa-*	SWB (1908) 2.1, 500 Siegmund A. Wolf	5

Herkunftsnachweis der ermittelten Wörter

lfd. Nr.	GW	Ermittelte Rotwelschwörter Schriftform	Bedeutung	Ermittelte Herkunft Erläuterungen	Literatur/ Informant(in) Quellen	HKZ
				chen, halb schlummern; französisch-/lateinischer Einfluss Jenisch hauptsächlich in Öhringen und Pfedelbach: dormer, dormus = Schlaf Schlausmen: dormen = schlafen	(1956), 1064 Robert Jütte (1978), 102 Jörg Bergemann (2012), 50	
(35)	7	Dreywer, Dreiwer, Seilecker	Gendarm	Driwer = Treiber, niederhochdeutsch; Schlausmen: Dreiwer = Polizist	Robert Jütte (1978), 102 Georg Schambach (1858), 49	4
(36)	53	Duk	Bosheit	Hebräisch: duchan = Pult Jiddisch: duch = zerreiben; duchnen = frivoler Vergleich für das priesterliche Segnen in der Synagoge Wolf: duchenen = unter den Augen des Opfers unbemerkt und geschickt etwas wegstehlen	Rachel Dror (2005) Siegmund A. Wolf (1956), 1104	2
(37)	7 11 40 53 54 63	Duppes, Duppel	Dummkopf	Von Düppel = dummer Mensch (wie Dackel) Allgemeines Sprachgut, Händlersprache Schlausmen: Duppes = Dummkopf	SWB (1908) 2.1, 474 Siegmund A. Wolf (1956), 1120 Robert Jütte (1978), 103	13
(38)	7 57	Dusmen, Doß	Rock	dusman = still, beschämt, eingeschüchtert Schlausmen: dussmann = Rock	SWB (1908) 2.1, 517 Robert Jütte (1978), 103 Siegmund A. Wolf (1956),1067	10
(39)	7 57	Ekel/Eigel	Ochse	Hebräisch: egel = Kalb Jiddisch: ejel = Kalb Schlausmen: Aigel = Kalb	Siegmund A. Wolf (1956) 1147 Robert Jütte (1978), 89	2
(40)	7 57 58	Ekele/ Eigele	Kalb	Jiddisch: ejel = Kalb Schlausmen: Aigel = Kalb	Siegmund A. Wolf (1956) 1147 Robert Jütte (1978), 89	2
(41)	53	Emma	Frau, kleines Mütterchen	Hebräisch: ima = Mutter Jiddisch: imale = kleine Frau (Ausruf als Kosename)	Rachel Dror (2005) Jaacov Lavy (1980), 457	2
(42)	2 7 11 40 53	Erach, Refach, Reibach, Reiwach, Rebach	Gewinn, Preis, Profit	Unterschiedliche Bedeutung: Hebräisch: Erach = Wert Hebräisch: rewach = Profit Jiddisch: revekh = Profit Wolf: Rebbach = Gewinn,	Rachel Dror (2005) Siegmund A. Wolf (1956), 4520 Uriel Weinreich (1968), 250	2

Herkunftsnachweis der ermittelten Wörter

lfd. Nr.	GW	Ermittelte Rotwelschwörter		Ermittelte Herkunft	Literatur/ Informant(in)	HKZ
		Schriftform	Bedeutung	Erläuterungen	Quellen	
	54 57			*Verdienst, Nutzen*	Netanel Wurmser (2005)	
(43)	7, 57	Ettesche	Mutter	Hebräisch: *ischa = Frau* Jiddisch: *ische = Frau* Schlausmen = *Mutter*	Rachel Dror (2005) Jaacov Lavy (1980), 243 Robert Jütte (1978), 104	2
(44)	7 57	Fäuke	Sense	Schlausmen: *Fauke = Sense* Händlersprachen/Jenisch frz. = *faux*	Robert Jütte (1978), 105 Siegmund A. Wolf (1956), 1303	13
(45)	7 57	Faitzker	Ei	Vermutlich slaw. Ursprungs Slowakisch: vajce, vajicko = Ei	ANONYMUS (1963): Deutsch-Slowakisches und Slowakisch-Deutsches Taschenwörterbuch	12
(46)	53	Feneter	Fenster	Jenisch in Hohenlohe: *feneter = Fenster* frz.: *fenêtre* im Genus dem deutschen Wort angepasst Schlausmen: *finester = Fenster* Jenisch: *feneter, fenester = Fenster*	SWB (1908) 2.2, 1052 Friedrich Kluge (1963), 192 Siegmund A. Wolf (1956), 1346 Robert Jütte (1978) 107 Christian Efing (2005), 245	6
(47)	2 7 40 53 54 57	Fetzger	Metzger	*Fetzer (ohne g) = Metzger* Jenischen Urprungs, hauptsächlich Matzenbach; lat. : *facere = tun, machen* Schlausmen: *fetzgen = schneiden; Fetzger = Metzger* Wolf: *fetzen = (zer-) schneiden* Manisch: *katzoff = Metzger*	SWB (1908) 2.2, 1451 Siegmund A. Wolf (1956), 1367 Uriel Weinreich (1968), 41 Robert Jütte (1978), 106 Robert Jütte (1988), 192 Hans-Günter Lerch (1976), 225	13
(48)	7	Fieche	Polizist	Hebräisch: *neficha = Furz* Rotwelsch: *Fieches = Furz*, hauptsächlich im Jenischen in Crailsheim und Hohenlohe Schlausmen: *Fieche = Polizei* Manisch: *filschi = Polizist, Schutzmann*	SWB (1908) 2.2, 1471 Robert Jütte (1978) 106 Hans-Günter Lerch (1976), 302	13
(49)	2	Fiesl, Fiegl	Mann (schräger Vogel)	U. a. von einem Schausteller im Verband der südd. Schausteller genannt Vgl. Kluge, Fr.: *fies = widerwärtig* (niederhoch-	Friedrich Kluge (1963), 292 Hans-Günter Lerch (1976), 214 Jörg Bergemann	4

Herkunftsnachweis der ermittelten Wörter

lfd. Nr.	GW	Ermittelte Rotwelschwörter		Ermittelte Herkunft	Literatur/ Informant(in)	HKZ
		Schriftform	Bedeutung	Erläuterungen	Quellen	
				deutsch) Jenisch: *fiesel, fisel, fiesl* = Junge, Penis, junger Mann, Sohn, kleines Kind	(2012), 53 Christian Efing (2005), 245	
(50)	7 53 54	Fifrach, fifrachatzen, fiwrach	fortgehen, weggehen	Hebräisch: *wayiwrach* = *weglaufen* Jiddisch: *fifrach* = *wegspringen* Verballhornung: *majiwrach* = *pleite gegangen*	SWB (1908) 2.2, 1485 Rachel Dror (2005) Netanel Wurmser (2005) Jaacov Lavy (1980), 749 Siegmund A. Wolf (1956), 1422	2
(51)	53 57	Finse	Mark /100 Mark = Mailachs Finse	Slawischen Ursprungs: *peniaze* = Geld Jiddisch: *pinunzen* = *Geld* Schlausmen = *Brotscheibe;* Schlausmen: *Mei-schuck* = *100 Mark; olf-finse* = *eine Mark*	Rachel Dror (2005) ANONYMUS (1963): Deutsch-Slowakisches und Slowakisch-Deutsches Taschenwörterbuch, 149 Robert Jütte (1978): 107, 142	12
(52)	7	fittern, fiddern	hausieren	Wolf: *fickern* = *herumstreifen* keine etymologische Angabe Schlausmen = *handeln, verkaufen*	Siegmund A. Wolf (1956), 1383 Robert Jütte (1978), 108	10
(53)	2 7	Freier	Mann	Rotwelsch = *Ausschau nach einer Braut halten;* urspünglich von *befreien;* Jenisch in Pfedelbach Händlersprache Schausteller-Jenisch: *Freier* = *Fremder, Herr, Mann, Hochzeiter* Wolf: *Freier* = *derjenige, der betrogen oder bestohlen werden soll, das ausersehene Opfer* Manisch: *Freier* = *allg. für Mann (verächtlich)*	SWB (1908) 2.2, 17 24 Christian Efing (2004), 74 Siegmund A. Wolf (1956): 1536 Hans-Günter Lerch (1976), 215 Jörg Bergemann (2012), 54	13
(54)	11 40 53 54 57	fuggen, fuggern	erbetteln	Ursprünglich: *fuggern* = *Tauschhandel treiben, durchaus auch betrügerisch* (Württ.); etwas „versilbern" und so zu Geld machen Schlausmen: *fuggen* = *zechprellen , betteln*	SWB (1908) 2.2, 1820 Robert Jütte (1978), 109	13
(55)	7	Funken,	Brennen, jdn.	Schwäbische Händlerspra-	SWB (1908) 2.2,1832	13

Herkunftsnachweis der ermittelten Wörter

lfd. Nr.	GW	Ermittelte Rotwelschwörter		Ermittelte Herkunft	Literatur/ Informant(in)	HKZ
		Schriftform	Bedeutung	Erläuterungen	Quellen	
	40 53	fünkern, feuern	hinausfeuern	che: *funken* = brennen, kochen, brandmarken, dsgl. *fünkern* = kochen Jenisch in Öhringen/Pfedelbach: *funken* = *Feuer, Licht* Schlausmen: *fünkern* = kochen; aber auch = *jdn. hinausweisen*	Siegmund A. Wolf (1956), 1581 Robert Jütte (1978), 109 Robert Jütte (1988), 193 Christian Efing (2005), 245	
(56)	7 53	Furschet(t)	Gabel	Schwäbische Händlersprache, Jenisch: *Furschet(t)* = *Gabel* Auch *fortschetta*; vom frz. *Fourchette*	SWB (1908) 2.2, 1869 Siegmund A. Wolf (1956), 1591 Friedrich Kluge (1963), 212)	13
(57)	2 7	Gackli	Huhn	Abgeleitet vom Huhn, das gackert, wenn es legt; daraus ergibt sich *Gackele = das Ei*; In der Kindersprache: *Gackele = Henne*; Jenisch	SWB (1911) 3, 9ff. Robert Jütte (1988), 193	4
(58)	2 7 53 57	Galaichem Galauchem, Gallach, Gallak	Pfarrer	Hebräisch: *galach* = Geschorener, Tonsurierter (Tonsur = Haartracht der Mönche); Jiddisch: *Galach* = ev. oder kath. *Pfarrer* *einen Galach behandeln* = *einen Pfarrer berauben*; Jenisch in Pfedelbach/ Öhringen: *galloch, gallach, obergalach* = *Pfarrer* Schlausmen: *Gallak* = *Pfarrer* Manisch: *galane* = *(kath.) Pfarrer*	SWB (1911) 3, 23 Siegmund A. Wolf (1956), 1625 Uriel Weinreich (1968), 249 Netanel Wurmser (2005) Robert Jütte (1978), 110 Robert Jütte (1988), 193, 194 Hans-Günter Lerch (1976), 218 Jörg Bergemann (2012), 55 Christian Efing (2005), 176, 245	11
(59)	2 7	Galm	Kind	Schwäbische Händlersprache: *Galme = Kind, galmen, gelme = schreien; Galmegufferei = Schule*; Hebräisch: *gelem = Roh- (-Zustand, -Material)* Jenisch in Pfedelbach/Öhringen: *galmen = Kinder*	SWB (1911) 3, 34 Jaacov Lavy (1980), 536 Siegmund A. Wolf (1956), 1630 Rachel Dror (2005) Jörg Bergemann (2012), 55	11
(60)	7	Gamores	Esel	Hebräisch: *chamor* = *Esel*	Robert Jütte (1978),	10

Herkunftsnachweis der ermittelten Wörter

lfd. Nr.	GW	Ermittelte Rotwelschwörter		Ermittelte Herkunft		Literatur/ Informant(in)	HKZ
		Schriftform	Bedeutung	Erläuterungen		Quellen	
	57			Schlausmen: Gamores = Esel (als Schimpfwort)		111	
(61)	7 57	Ganfen (Verb) Ganeff (Subst.)	Stehlen, Diebstahl	Gaunersprache: ganfen = stehlen Hebräisch: ganaf = Dieb Jiddisch = ganef Häufig in Gegenden, wo es viele Juden gibt = hebr. Ursprungs Schlausmen = Dieb, stehlen Jenisch: ganfen = stehlen; ganfer = Dieb		SWB (1911) 3, 42 Friedrich Kluge (1963), 230 Uriel Weinreich (1968), 310 Netanel Wurmser (2005) Robert Jütte (1978), 111 Jörg Bergemann (2012) 55	11
(62)	2	Gary	Geschlechtsteil, männl.	Zigeunerisch: Kar = Penis Schwäbische Händlersprache: Gari, Gare, Gore = Penis Garnieren = onanieren Wolf: Gari = Penis Manisch: gari = Penis Jenisch: gare, gari = Penis		SWB (1911) 3, 68 Siegmund A. Wolf (1956)f, 1651 Hans-Günter Lerch (1976), 223 Christian Efing (2005), 245	13
(63)	7	Gefar	Dorf	Hebräisch: kfar = Dorf Jiddisch: g(e)far, (kephar) Jenisch in Hohenlohe Schlausmen = Dorf Jenisch: gfahr, gfartl = Dorf		SWB (1911) 3, 155 Rachel Dror (2005) Jaacov Lavy (1980), 149 Robert Jütte (1978), 113 Robert Jütte (1988), 195 Christian Efing (2005), 245	11
(64)	11 57	Gemme	Butter	Hebräisch: chemah = Butter Jiddisch: chemme = Butter Schlausmen = Butter Wolf: Chemme = Butter Händlersprache		Rachel Dror (2005) Siegmund A. Wolf (1956), 860 Jaacov Lavy (1980), 123 Robert Jütte (1978), 113	2
(65)	7 57	Gemme	Frau, Lebewesen weibl. Geschlechts (stadt-/dorfbekannt)	Von Gammel = Weibsperson; Faule Gammel = faule Weibsperson, die arbeiten könnte; auch Gampel, Gumme, Gummel = faule, geile Weibsperson; Mittelhochdeutsch: gamen = Lust, Spaß, Spiel; vgl. auch engl.: game Schlausmen: gemme = Butter		SWB (1911) 3, 38 Robert Jütte (1978), 113	4
(66)	7 57	Genesairem	Schnaps	Hebräisch: nasir = Mönch, Enthaltsamer, Asket		Rachel Dror (2005) Netanel Wurmser	2

Herkunftsnachweis der ermittelten Wörter

lfd. Nr.	GW	Ermittelte Rotwelschwörter Schriftform	Bedeutung	Ermittelte Herkunft Erläuterungen	Literatur/ Informant(in) Quellen	HKZ
				Jiddisch: *jajin* = Wein Von *genärig* = nähren, eifrig um Nahrung bemüht Schlausmen: *Jennesaurum* = Schnaps	(2005) Jaacov Lavy (1980), 452 SWB (1911) 3, 354 Robert Jütte (1978), 123 Sigmund A. Wolf (1956), 2313	
(67)	7	geyf	schuldig	Hebräisch: *chajaw* = [er] schuldet; *chow* = Schulden Jiddisch: *Gaif* = Schulden Schlausmen = *schuldig* slaw.: *dlhovaf* = schulden	Jaacov Lavy (1980), 57 Robert Jütte (1978), 114 ANONYMUS (1963): Deutsch-Slowakisches und Slowakisch-Deutsches Taschenwörterbuch., 319	12
(68)	7 57	Geyling, Görgel	Glas	Schlausmen: *Geyling* = *Glas*	Robert Jütte (1978), 58	10
(69)	11	Glowe	Pferd, Gaul	Von einem Bürger aus Neulautern mit guten Kenntnissen des Rotwelsch genannt, Herkunft von *Gleb* = *Kleb*, jenisch, vermutl. Raum Pfedelbach	SWB (1914) 4.1, 464	13
(70)	7 53	Glucker	Goldstücke	*Klucker* = *kleine Kügelchen aus Stein, Lehm, Glas*: aber im Jenischen: *Klucker* (mit *k* nicht mit *g*) = *Goldstück* Rotwelsch, Hohenlohe	SWB (1914) 4.1, 506 Sigmund A. Wolf (1956), 1841	13
(71)	7 57	Goje, Goja, Gük, Jück, Yück	Frau	Hebräisch: *goja* = *Nichtjüdin, Fremde* Jiddisch: *goje* = *Nichtjüdin* Etwas verächtlich gebraucht Verbrecherpsrache/Jenisch *Goim* = *Juden* Schlausmen = *Jück, Goje*	Jaacov Lavy (1980), 245 SWB (1911) 3, 736 Rachel Dror (2005) Sigmund A. Wolf (1956), 1860 Robert Jütte (1978), 115	4
(72)	2 7	grandig, grantig	groß, prima	Rotwelsch: *groß, bedeutend* Jenisch in Pfedelbach, Öhringen: *grendig, grandeg, grandig, grendeg, grindig* = *dreckig, groß, kräftig, mächtig, viel*	SWB (1911) 3, 790 Friedrich Kluge (1963), 267 Sigmund A. Wolf (1956), 1896 Jörg Bergemann (2012), 57 Christian Efing (2005), 245	13
(73)	7	Griffling Grifling	Finger	Jenisch: *griffling* = *Hand, Finger* Öhringen/Pfedelbach;	Friedrich Kluge (1963), 270 Sigmund A. Wolf	13

Herkunftsnachweis der ermittelten Wörter

lfd. Nr.	GW	Ermittelte Rotwelschwörter		Ermittelte Herkunft	Literatur/ Informant(in)	HKZ
		Schriftform	Bedeutung	Erläuterungen	Quellen	
				Schlausmen = Hand	(1956), 1917 Robert Jütte (1978), 115 Robert Jütte (1988), 197 Jörg Bergemann (2012), 57 Christian Efing (2005), 245	
(74)	2 7	Hacho	Mann, Kerl	zigeunerisch: *hache* = *Mann* Schausteller-Jenisch: *Hacho* = *Bauer* Wolf: *Hach* = *Bauer* Manisch: *hachemer (hacho)* = *Bauer*	Rachel Dror (2005) Christian Efing (2004), 78 Siegmund A. Wolf (1956), 1998 Hans-Günter Lerch (1976), 239	5
(75)	53 54	hakel laf	ganz schlecht	Hebräisch: *hakol* = *alles; lo* = *nicht* Jiddisch: *hakel laf* = *alles nichts*	Rachel Dror (2005) Jaacov Lavy (1980), 20, 469	2
(76)	11	Hamballe	kleiner Verrückter (bei Regen geschlossener Schirm)	Dumm-gutmütiger Mensch, ungeschickt, tölpelhaft, linkisch Jenischen Ursprungs, Gebiet Öhringen/Pfedelbach	SWB (1911) 3, 1088	13
(77)	7 57	harbe	groß / Mensch, der mit Vorsicht zu genießen ist; an der Grenze des Zumutbaren	Hebräisch: *harbe* = *viel* Gaunersprache/Jenisch: *harber* = *scharf*; Lt. SWB unklar, ob zu *herb* gehörig Schlausmen = *groß, schwanger* Wolf: *harbe* = *viel*	SWB (1911) 3, 1170 Rachel Dror (2005) Siegmund A. Wolf (1956), 2068 Netanel Wurmser (2005) Jaacov Lavy (1980), 73 Robert Jütte (1978), 117	11
(78)	7	harbe Mauken	große Stadt	Hebräisch: *harbe* = *viel, groß; makom* = *Ort, Platz* Jiddisch: *maukem* = *Siedlung* Schlausmen: *Harbemauken* = *Großstadt*	SWB (1911) 3, 1170 Jaacov Lavy (1980), 731, 483 Rachel Dror (2005) Robert Jütte (1978), 118	2
(79)	2 7	hegen	haben	Von einem Schausteller im Verband der südd. Schausteller genannt; mittelhochdeutsch; hegen: *pflegen, bewahren, behalten* Jenisch: *heges* = *Spital, altes Haus, Armenhaus, kleines Haus*	Friedrich Kluge (1963), 296 Jörg Bergemann (2012), 61	13

Herkunftsnachweis der ermittelten Wörter

lfd. Nr.	GW	Ermittelte Rotwelschwörter Schriftform	Bedeutung	Ermittelte Herkunft Erläuterungen	Literatur/ Informant(in) Quellen	HKZ
(80)	27	Heiermann	5 Mark	Schausteller-Jenisch: Heiermann = 5- Markstück vermutlich Herleitung aus jd. Hei = fünf und dt. –mann ist wahrscheinlich Manisch: heiermann = fünf Mark	Christian Christian Efing (2004), 78 Hans-Günter Lerch (1976), 241	13
(81)	7 40 63	hespeln, haspeln	sich in Widersprüche verwickeln, verhaspeln	Hebräisch: hesped = (Trauer-) Ansprache Händlersprache; Jenisch: haspen = heiraten, tanzen Schlausmen: hespeln = schreiben, auch reden	SWB (1911) 3, 1219 Rachel Dror (2005) Jaacov Lavy (1980), 656 Robert Jütte (1978), 119	11
(82)	7 57	hiäspeln	schreiben	Schlausmen: hespeln = schreiben, auch reden Vgl. hespeln	SWB (1911) 3, 1219 Robert Jütte (1978), 119	13
(83)	7 57	holgen	gehen	Hebräisch: holech = [er] geht Jiddisch: halchenen = gehen Schlausmen: holgen = gehen	Rachel Dror (2005) Jaacov Lavy (1980), 269 Robert Jütte (1978), 120	2
(84)	50	Hundsfresser[114]	Einwohner v. Schloßberg/ Bopfingen	Durch den Zuzug der Jenischen (Hausierer, Gauner, Bettler) und den Wirren des 30-jährigen Krieges entstand im heutigen Bopfingen eine derartige Hungersnot, dass die Bewohner von Schlossberg „Katzen und Hunde einfingen und aufaßen". Hauptsächlich dieser Umstand und der gewerbsmäßige Betrug bewirkte, dass die Bewohner dieses Weilers im ganzen Land be-rüchtigt wurden. Diese bezichtigten sich gegenseitig (Schlossberg und Flochberg) als Hunds- oder Katzenfresser; vgl. Katzenfresser	Rieser Kulturtage (1994) 10, 689	13
(85)	53	Ilet	Kinder	Hebräisch: jeled = Kind	Rachel Dror (2005) Jaacov Lavy (1980), 375	2

---

[114] Der Kulturbeauftragte der Stadt Bopfingen wies in einem Gespräch vom 12.09.2005 darauf hin, mit den Bezeichnungen *Hunds- und Katzenfresser* in der Gegend von Bopfingen sehr restriktiv umzugehen, da diese Begriffe immer noch für erheblichen Unmut in der Bevölkerung sorgten.

Herkunftsnachweis der ermittelten Wörter

lfd. Nr.	GW	Ermittelte Rotwelschwörter Schriftform	Bedeutung	Ermittelte Herkunft Erläuterungen	Literatur/ Informant(in) Quellen	HKZ
(86)	7, 57	Isch	Mann	Hebräisch: *isch* = Mann Jiddisch: *isch* = Mann Schlausmen: *Isk* = Jude	Rachel Dror (2005) Siegmund A. Wolf (1956), 2297 Jaacov Lavy (1980), 434 Robert Jütte (1978), 121	2
(87)	2 7 57	Ische	Frau	Hebräisch: *Ischa* = Frau Jiddisch: *Ischa* = Frau Etws abwertend gemeint Schlausmen = *Isch (ohne „e")* Jenisch: *ische* = Hut	Rachel Dror (2005) Christian Efing (2004), 7 Siegmund A. Wolf (1956) 2297 Jaacov Lavy (1980), 243 Robert Jütte (1978), 121 Jörg Bergemann (2012) 62	2
(88)	7 57	Jackes	Geld, Kaufpreis	Hebräisch: *jakar* = hoch im Preis, teuer Schlausmen: *jackes* = teuer	Rachel Dror (2005) Jaacov Lavy (1980), 647 Robert Jütte (1978), 122	2
(89)	53 57	Jajom, Jole, Jajin	Wein	Hebräisch: *jajin* = Wein Gaunerspr.: *Jajem, Jajim* = Branntwein Jenisch: *jol, johle, johl, jole* = Wein, Most, Kaffee	Rachel Dror (2005) Jaacov Lavy (1980), 750 Siegmund A. Wolf (1956), 2313 SWB (1914) 4.1, 65 Robert Jütte (1988), 199 Jörg Bergemann (2012), 63	11
(90)	7 57	Jak, Jask	Gewerbe (-schein)	Rotwelsch: *Jak* = Feuer, Licht, Kerzenlicht Schlausmen: *jack* = Gewerbeschein Manisch: *jak* = Feuer, Licht	SWB (1914) 4.1, 65 Robert Jütte (1978), 122 Hans-Günter Lerch (1976), 243	13
(91)	53 57	jamule	fest	Etymologie unsicher	Rachel Dror (2005) Jaacov Lavy (1980), 733	2
(92)	2 7 57	jaucker, joger	teuer	Hebräisch: *jakar* = teuer, hoch im Preis Schlausmen: *jackes* = teuer Wolf: *jocker* = teuer Manisch: *joger* = teuer	Rachel Dror (2005) Christian Efing (2004), 80 Jaacov Lavy (1980), 647 Robert Jütte (1978), 122 Siegmund A. Wolf (1956), 2363 Hans-Günter Lerch (1976), 245	2
(93)	7	Jud	Händler, Viehhändler	Landsmannschaftliche Bezeichnung der Spiegelberger für einen Viehhändler, der meist Jude war Aber auch Händlersprache:	Siegmund A. Wolf (1956), 2378	13

Herkunftsnachweis der ermittelten Wörter

lfd. Nr.	GW	Ermittelte Rotwelschwörter Schriftform	Bedeutung	Ermittelte Herkunft Erläuterungen	Literatur/ Informant(in) Quellen	HKZ
				Wolf: *Jud = Hase*		
(94)	2 7 11 40 53 54 57	Kaff	Dorf (klein, ärmlich)	Hebräisch: *kfar = Dorf* Jenisch: *Kaf = Ort, Dorf* Händlersprache, stammt vom zigeunerischen *gaw ab*, nicht vom jidd. *Kephfar = Dorf.* Wolf: *Kaff = Dorf* Manisch: *Kaff (kaf) = Dorf*	Rachel Dror (2005) SWB (1914) 4.1, 141 Siegmund A. Wolf (1956), 2405 Christian Efing (2004), 81 Netanel Wurmser (2005 Jaacov Lavy (1980), 149 Hans-Günter Lerch (1976), 214 Jörg Bergemann (2012) 63	11
(95)	7 57	Kaffreyme/ Kafriner, Kafreime	Bauer	Schlausmen: *Kaffraime = Bauer* Schausteller-Jenisch: *Kaffer = Bauer* Wolf: *Kaffer = Bauer* Manisch: *kafferim = Bauer* Jenisch: *kaffer, kaffr = Bauer*	Robert Jütte (1978), 124 Christian Efing (2004), 82 Siegmund A. Wolf (1956), 2408 Hans-Günter Lerch (1976), 216 Jörg Bergemann (2012), 63	11
(96)	2 7	kahlen	essen	Hebräisch: *achol oder le achol = essen* Verbrechersprache/Händlersprache Manisch: *kallen (kale) = essen* Jenisch: *kahlen, kahla, kala = essen*	Rachel Dror (2005) SWB (1914) 4.1, 164 Siegmund A. Wolf (1956), 2416 Jaacov Lavy (1980), 210 Hans-Günter Lerch (1976), 218 Jörg Bergemann (2012) 64 Christian Efing (2005), 175	11
(97)	2 7	Kaif	Schulden	*Hebräisch: chow = Schulden* Manisch: *kaijeff = Schuld*	Rachel Dror (2005) Jaacov Lavy (1980), 575 Hans-Günter Lerch (1976), 217	2
(98)	7	Kalle	Braut	Hebräisch: *kalah = Braut* Jiddisch: *kallah = Frau, Braut*, auch *Hure, Schnepfe* Juden-/Verbrechersprache Schlausmen: *Kalle = Braut*	Rachel Dror (2005) SWB (1914) 4.1, 167 Siegmund A. Wolf (1956), 2431 Jaacov Lavy (1980), 119 Robert Jütte (1978), 126	11
(99)	7 40 53	Kanoiwese, Karnaiwesen	Kartoffeln	Schlausmen: *Karnaiwesen = Kartoffeln* Wolf: *Karnaiwesen = Kartof-*	Robert Jütte (1978), 127 Siegmund A. Wolf	13

Herkunftsnachweis der ermittelten Wörter

lfd. Nr.	GW	Ermittelte Rotwelschwörter Schriftform	Bedeutung	Ermittelte Herkunft Erläuterungen	Literatur/ Informant(in) Quellen	HKZ
	54 57			*feln* Händlersprache	(1956), 2481	
(100)	40 53	Karböuske, Karbauske	Hut	Jiddisch: *karbeusik;* slawischen Ursprungs; Schlausmen: *karbausche* = Mütze	Rachel Dror (2005) Robert Jütte (1978), 126	12
(101)	7 53 57 63	Kaschemme	Kneipe, billige	Schlausmen: *Katschemme* = Wirtshaus Wolf: *Kaschemme* = schlecht beleumundete Gastwirtschaft mit Unterweltverkehr Händlersprache Manisch: *katschemme* = Gaststätte	Robert Jütte (1978), 127 Siegmund A. Wolf (1956), 2498 Hans-Günter Lerch (1976), 224	13
(102)	7 57	Kasorem	Fehler	In gängigen etymologischen Unterlagen, wie Wolf, Kluge usw. nicht aufzufinden, jedoch hebräischen Ursprungs und innerhalb der Handelssprache der Viehhändler häufig benutzt. Hebräisch: *chisaron* = Mangel; *chasser* = es fehlt	Mathem. Viehwaage (ca. 1870), 32 Jaacov Lavy (1980), 221	13
(103)	7	Kassäauer	Hemd	Jiddisch = *kessones* = Unterkleid, Hemd slawischen Ursprungs Schlausmen: *Kassäuer* = Hemd	Siegmund A. Wolf (1956), 2502 Robert Jütte (1978) 127	12
(104)	7 57	Kasser	Schwein	Hebräisch: *chasir* = Schwein Jiddisch: *chasser* = Schwein Gaunersprache/Händlersprache: *Kasser(t)* = Schwein Jenisch: *kassir* = Schwein, Sau	Rachel Dror (2005) SWB (1914) 4.1, 251 Siegmund A. Wolf (1956), 2504 Jaacov Lavy (1980), 580 Jörg Bergemann (2012) 65	11
(105)	50	Katzenfresser[115]	Einwohner v. Flochberg/ Bopfingen	Vgl. Hundsfresser	Rieser Kulturtage (1994) 10, 689	13
(106)	2 53 57	Kauffes	Schulden	Hebräisch: *chowot* = Schulden Jiddisch: *choiwes* = Schulden	Rachel Dror (2005) Jaacov Lavy (1980), 575	2
(107)	2	Keilof	Hund	Hebräisch: *kelew* = Hund	Rachel Dror (2005)	11

---

[115] vgl. Pos. 84 = Hundsfresser.

Herkunftsnachweis der ermittelten Wörter

lfd. Nr.	GW	Ermittelte Rotwelschwörter Schriftform	Bedeutung	Ermittelte Herkunft Erläuterungen	Literatur/ Informant(in) Quellen	HKZ
	7 57	Keilov Kailach		Jiddisch: *kelew* = Hund Gaunersprache: *Keiluf* = Hund Schlausmen: *kailaf* = Hund Wolf: *Kelef* = Hund Manisch: *kailoff* = Hund	Siegmund A. Wolf (1956), 2561 SWB (1914) 4.1, 309 Jaacov Lavy (1980), 348 Robert Jütte (1978), 124 Hans-Günter Lerch (1976), 217	
(108)	7 57	ken	ja	Hebräisch: *ken* = ja Jenisch und Händlersprache: *ken, keim* = *ja, richtig* Loschnekaudnisch = Name der Geheimsprache, besonders der jüdischen Viehhändler Schlausmen: *kenn* = ja Schausteller-Jenisch: *kenn* = ja	Rachel Dror (2005) SWB (1914) 4.1, 330 Christian Efing (2004), 85 Siegmund A. Wolf (1956), 2570 Jaacov Lavy (1980), 361 Robert Jütte (1978), 129 Jörg Bergemann (2012), 65	11
(109)	7	Keyle	Pfeife	Hebräisch: *kelim* = Kleider, Geschirr, (Hand-) Werkzeug Jiddisch: *kelim* = dto.	Friedrich Kluge (1987), 485 Netanel Wurmser (2005) Jaacov Lavy (1980), 286	2
(110)	2 7 11 40 53 54 57	Kies	Geld	Hebräisch: *kessef* = Geld, Kleingeld, Silbergeld Schlausmen: *Kies* = Geld Händlersprache Jenisch: *kies* = Stein	Rachel Dror (2005) Friedrich Kluge (1987), 487 Siegmund A. Wolf (1956), 2602 Robert Jütte (1978), 129 Jaacov Lavy (1980), 273 Jörg Bergemann (2012), 65	11
(111)	7	Kiesreiber	Geldbeutel	Hebräisch: *kesse* = Geld	Rachel Dror (2005)	11
(112)	7	Kiffe	Haus	Schlausmen: *Kiffe* = Haus, baufälliges Haus Wolf: *Kiffe* = altes Haus; nordd.: *Kiffe* = elendes, kleines Haus; Jenisch	Siegmund A. Wolf (1956), 2608 Robert Jütte (1978), 129	13
(113)	7	kleines Maukendinger	Stadt, klein	Hebräisch: *makom* = Ort, Platz	Rachel Dror (2005) Jaacov Lavy (1980), 483	2
(114)	7 57	klemmen	essen	Wolf: *klemmen* = essen; allerdings auch *stehlen* Schlausmen: *klemmen* = essen	Friedrich Kluge (1963), 373 Siegmund A. Wolf (1956), 2694/2695 Robert Jütte (1978), 130 Christian Efing (2005), 175	13

Herkunftsnachweis der ermittelten Wörter

lfd. Nr.	GW	Ermittelte Rotwelschwörter		Ermittelte Herkunft		Literatur/ Informant(in)	HKZ
		Schriftform	Bedeutung	Erläuterungen		Quellen	
(115)	7 2	Klunt	schlechte Frau, Hure, leichte Dame	Wolf: Klunte = Dirne Mundartlich Manisch: klunte = Dreckweib, Hure Jenisch: glund, glunt = Prostituierte		Siegmund A. Wolf (1956), 2742 Hans-Günter Lerch (1976), 230 Christian Efing (2005), 245	13
(116)	7 2	Kober	Wirt	Jenisch: Kober = Wirt, auch Diebeswirt Im Schausteller-Jenisch: Koberei = Wirtschaft Manisch: kober = Gastwirt		Friedrich Kluge (1963), 385 SWB (1914) 4.1, 559 Christian Efing (2004), 89 Christian Efing (2005), 246 Siegmund A. Wolf (1956), 2813 Hans-Günter Lerch (1976), 395 Jörg Bergemann (2012), 67	13
(117)	2 7 57	kochem, kuchem	schlau, gescheit	Hebräisch: chacham = klug, weise Gaunersprache/Jenisch: kochem = klug, verständig, geschickt, witzig, gescheit Schlausmen: koochmen = klug Manisch: kochem = schlau, klug, gescheit		Rachel Dror (2005) Friedrich Kluge (1963), 386 Siegmund A. Wolf (1956) 2814 Uriel Weinreich (1968), 186, 607 Jaacov Lavy (1980), 381 Robert Jütte (1978), 132 Hans-Günter Lerch (1976), 231 Jörg Bergemann (2012) 67	11
(118)	7 57	Koller	Lehrer	Hebräisch: kol = Stimme Jiddisch: kol = Stimme Schlausmen: Koller = Lehrer Wolf: Kol = Stimme		Rachel Dror (2005) Siegmund A. Wolf (1956), 2841 Robert Jütte (1978), 132 Jaacov Lavy (1980), 623	11
(119)	7	krättich	nicht einwandfrei, minderwertig	Etymologisch wohl stammend von den Krättenmachern = Korbmacher, ein ziemlich verachtetes Gewerbe Krättler = Spitzname (negativ gemeint) Wolf: Krattler = fahrende Leute, meist Korbmacher		SWB (1914) 4.1, 695 Siegmund A. Wolf (1956), 2925	13
(120)	7	Kufferei	in eine	Etymologisch wohl stam-		SWB (1914) 4.1, 820	13

124

Herkunftsnachweis der ermittelten Wörter

lfd. Nr.	GW	Ermittelte Rotwelschwörter Schriftform	Bedeutung	Ermittelte Herkunft Erläuterungen	Literatur/ Informant(in) Quellen	HKZ
	2		Schlägerei verwickelt	mend von *Kuf* = *Kufe* Manisch: *kuffes* = *Schlag, Hieb* rotwelsch: *goffen* = *schlagen* Jenisch: *kuffer, kuffr* = *After, Arsch*	Hans-Günter Lerch (1976), 236 Robert Jütte (1988), 196 Jörg Bergemann (2012), 68	
(121)	7	Kuzen	Vermögen	Hebräisch: *kazin* = Vermögender, Offizier Jiddisch: *kozen* = dto.	Netanel Wurmser (2005) Jaacov Lavy (1980), 479 Siegmund A. Wolf (1956), 2893	2
(122)	53 57	laf	schlecht	Hebräisch: *lo* = *nicht(s)* Jiddisch: *lau* = *nichts, schlecht* Jenisch: *laf, lak, lack* = *schlecht, falsch, dumm, nicht in Ordnung sein*	Rachel Dror (2005) SWB (1914) 4.2, 919 Jaacov Lavy (1980), 469 Jörg Bergemann (2012), 68	11
(123)	7 57	laff häffig	gut reden	Ulm: *Läfferer* = *einer, der viel schwätzt und auch lügt*	SWB (1914) 4.2, 920	11
(124)	7 57	laff machulle	Nicht bankrott sein	Hebräisch: *lo* = *nicht(s)*; *machalah* = *(schlechte) Krankheit*	Rachel Dror (2005) Jaacov Lavy (1980), 396	11
(125)	7 53	Langohr	Esel, Hase	Jenisch: *Langor* = *Esel* Oft ironisch: „*Mancher will den Esel verbergen und zeigt den Bruder*" Gaunersprache/Pfedelbach: *Langohr* = *Hase*	SWB (1914) 4.2, 985 Friedrich Kluge (1963), 421	13
(126)	2 7 57	lau	nein, nicht viel	Hebräisch: *lo, law* = *nicht* Jiddisch: *lau* = *nichts* Gaunersprache/Jenisch: *lau* = *nein* Loschnekaudnisch = Name der Geheimsprache, besonders der jüdischen Viehhändler Schlausmen: *lau* = *nicht* Schausteller-Jenisch: *lau* = *nein, nichts, klein*	Rachel Dror (2005) Siegmund A. Wolf (1956), 3131 SWB (1914) 4.2, 1020 Jaacov Lavy (1980), 469 Robert Jütte (1978), 134 Christian Efing (2004), 93	11
(127)	7 5	laudoff/ lodoff	nicht schön	*lau* .s oben (nicht) *doff* s. *doff/toff* = *gut, schön* Gaunersprache	SWB (1914) 4.2, 1020	11
(128)	7 57	Lauser	Fisch	Schlausmen: *Lauser* = *Fisch*; Etymologie ungeklärt	Robert Jütte (1978), 135	10
(129)	57	lekerch	übervorteilen	Hebräisch: *lokeach* = *nehmen* Wolf: *Lekiche* = *Diebstahl*; vgl. auch *heiraten/lekiechen*	Rachel Dror (2005) Siegmund A. Wolf (1956), 3202 Netanel Wurmser	2

Herkunftsnachweis der ermittelten Wörter

lfd. Nr.	GW	Ermittelte Rotwelschwörter Schriftform	Bedeutung	Ermittelte Herkunft Erläuterungen	Literatur/ Informant(in) Quellen	HKZ
				(eine Frau nehmen, hängt damit zusammen)	(2005) Jaacov Lavy (1980), 466	
(130)	7	lekiechen	heiraten	Jiddisch: *lokechnen* = nehmen Schlausmen: *lokiechen* = heiraten *Derselbe Wortstamm wie lekerch*	Robert Jütte (1978), 135 Siegmund A. Wolf (1956), 3202 Netanel Wurmser (2005) Jaacov Lavy (1980), 466	2
(131)	7 57	Liächmen	Brot	Hebräisch: *lechem* = Brot Jiddisch: *lechem* = Brot Schlausmen: *Lechmen* = Brot Wolf: *Lechem* = Brot	Rachel Dror (2005) Siegmund A. Wolf (1956), 3170 Robert Jütte (1978), 135 Jaacov Lavy (1980), 123	2
(132)	2 7	link	böse	Verbrecher- und Gaunersprache, Rotwelsch: *link* = schlecht, falsch, unrichtig Jenisch: *link* = falsch, schecht	Siegmund A. Wolf (1956), 3247 SWB (1914) 4.2, 1254 Robert Jütte (1978), 136 Jörg Bergemann (2012), 70 Christian Efing (2005), 246	13
(133)	2 7	Linkheimer	unehrliche Person	Schlausmen: *Linksmalocher* = *Schneider* Etymologie unsicher, vgl. *link* Manisch: *trittchesmalocher* = *Schuster*	Siegmund A. Wolf (1956), 3247 Hans-Günter Lerch (1976), 294	10
(134)	7 57	Lobach	Verlust	Hebräisch: *lo* = nichts Verballhornung von *lo rewach* = kein Gewinn Wolf: *lopach* = nichts; *Lobock* = nutzlos, zwecklos	Rachel Dror (2005) Siegmund A. Wolf (1956), 3258 Netanel Wurmser (2005) Jaacov Lavy (1980), 469	11
(135)	2 57	Loby, Lobby	Einnahmen	Schausteller-Jenisch: *lowie, lobe, lobi, lobie, loby, lowi* = Einnahme vom Tag Manisch: *lowi* = Geld Jenisch: *lobe, lowe, loiwe, lowi* = Geld	Christian Efing (2004), 94 Hans-Günter Lerch (1976), 250 Jörg Bergemann (2012), 70 Christian Efing (2005), 246	13
(136)	63	lünsen	hören	Wolf: *linzen* = hören, verstehen, sehen, horchen, belauern, aufmerken usw. Schlausmen: lünsen = verstehen, hören Jenisch: *losen* = horchen,	Siegmund A. Wolf (1956), 3251 Robert Jütte (1978), 136 Jörg Bergemann (2012), 71	4

Herkunftsnachweis der ermittelten Wörter

lfd. Nr.	GW	Ermittelte Rotwelschwörter Schriftform	Bedeutung	Ermittelte Herkunft Erläuterungen	Literatur/ Informant(in) Quellen	HKZ
				hören		
(137)	7	Mäauken	Stadt	Hebräisch: makom = Ort Jiddisch: mokem = Stadt	Rachel Dror (2005) Netanel Wurmser (2005) Jaacov Lavy (1980), 483	2
(138)	7 57	Machulla	Bankrott	Hebräisch: machalah = (schlechte) Krankheit Jiddisch = mechalle Händlersprache: meschulle = bankrott Wolf: mechulle = verhaftet, gefangen, bankrott Schlausmen: Machulle = bankrott	Rachel Dror SWB (1914) 4.2, 1626 Siegmund A. Wolf (1956), 3498 Jaacov Lavy (1980), 396 Robert Jütte (1978), 137	11
(139)	2 57	magge, jogger	teuer	magge: Etymlogie unklar Hebräisch: jakar = teuer Wolf: jocker = teuer Schwäb. Händlersprache	Rachel Dror (2005) Siegmund A. Wolf (1956), 2363 Jaacov Lavy (1980), 647	11
(140)	7 57	Mailach	König	Hebräisch: melech Jiddisch: Mejlekh Schlausmen: Mailächer = König	Rachel Dror (2005) Duden Bd. 24 (1992), 117 Robert Jütte (1978), 137 Jaacov Lavy (1980), 389	2
(141)	2 7	Majom	Wasser	Hebräisch: majim Jiddisch = majim Gaunersprache: Majem, Mejum = Wasser Schlausmen = majim	Rachel Dror (2005) SWB (1914) 4.2, 1414 Siegmund A. Wolf (1956) 3368 Robert Jütte (1978), 138 Jaacov Lavy (1980), 747	11
(142)	57	Malbich	Anzug, schöner Anzug	Hebräisch: malbisch = Kleid Jiddisch: malbich = Kleid Gaunersprache/Jenisch	Rachel Dror (2005) Siegmund A. Wolf (1956), 3373 Jaacov Lavy (1980), 379 Siegmund A. Wolf (1956), 3562	11
(143)	53 57	Malbuschen	Kleidung, unordentliche Kleidung	Hebräisch: malbisch = Kleid Jiddisch: malbich = Kleid Gaunersprache/Jenisch: Malbosch = Rock, Kittel	Rachel Dror (2005) SWB (1914) 4.2, 1418 Siegmund A. Wolf (1956), 3373 Jaacov Lavy (1980), 379	11
(144)	2	Malebusch	Hut, schöner Hut	Hebräisch: malbisch = Kleid Jiddisch: malbich = Kleid Gaunersprache/Jenisch: Malbosch = Rock, Kittel Manisch: malebusch = (Kleider-)Stoff, Mantel	Rachel Dror (2005) SWB (1914) 4.2, 1418 Siegmund A. Wolf (1956), 3373 Jaacov Lavy (1980), 379 Hans-Günter Lerch	11

Herkunftsnachweis der ermittelten Wörter

lfd. Nr.	GW	Ermittelte Rotwelschwörter Schriftform	Bedeutung	Ermittelte Herkunft Erläuterungen	Literatur/ Informant(in) Quellen	HKZ
					(1976), 252	
(145)	2 7 11 40 53 57 63	malochen	hart arbeiten	Hebräisch: *melacha = Arbeit* Jiddisch: *melokho = Arbeit* Jenisch: *maloche = machen, arbeiten* Schlausmen: *malochen = arbeiten* Wolf: *meloche = arbeiten* Manisch: *malochen = arbeiten*	Rachel Dror (2005) SWB (1914) 4.2, 1426 Siegmund A. Wolf (1956), 3522 Robert Jütte (1978), 138 Jaacov Lavy (1980), 40 Hans-Günter Lerch (1976), 253 Jörg Bergemann (2012), 71	11
(146)	2 7 11 40 53 57 63	Malocher	Mensch, schwer arbeitender Mensch	Hebräisch: *melacha = Arbeit* Jiddisch: *melocho = Arbeit* Jenisch: *maloche = machen* Schlausmen: *malochen = arbeiten*	Rachel Dror (2005) SWB (1914) 4.2, 1426 Jaacov Lavy (1980), 40 Siegmund A. Wolf (1956), 3522 Robert Jütte (1978), 138	11
(147)	35 57 63	Manko	Verlust	Umgebung Tübingen, Studentensprache: *Manko = Schaden, Fehler, Mangel*	SWB (1914) 4.2, 1440	4
(148)	7 53	Mansche	Essen	Schausteller-Jenisch: *Geld einsammeln* (nach einer Darbietung – dann gibt's Essen) Wolf: *Mansche = Essen,* von *manger = essen* Schwäbische Händlersprache Jenisch: *mansche = Essen*	Christian Efing (2004), 97 Siegmund A. Wolf (1956), 3398 Jörg Bergemann (2012), 71 Christian Efing (2005), 175	13
(149)	7 57	marama	betrügen, belügen, Betrüger	Hebräisch: *merame = [er] betrügt* Jiddisch: *merame*	Rachel Dror (2005) Netanel Wurmser (2005) Jaacov Lavy (1980), 102 Siegmund A. Wolf (1956), 3541	2
(150)	7 57	Maschbucha	Frau, Ehefrau	Hebräisch: *mischpacha = Familie* Jiddisch: *mischpocho = Familie* Wolf: *Mischpoche = Familie, Gesellschaft, Diebesbande samt Anhang*	Rachel Dror (2005) Siegmund A. Wolf (1956), 3623 Jaacov Lavy (1980), 218	11
(151)	7 53 57	Maschores	Metzger	Hebräisch: *meschareth = Bediener* Gaunersprache/Jenisch:	Rachel Dror (2005) SWB (1914) 4.2, 1511 Hans-Günter Lerch	11

Herkunftsnachweis der ermittelten Wörter

lfd. Nr.	GW	Ermittelte Rotwelschwörter Schriftform	Bedeutung	Ermittelte Herkunft Erläuterungen	Literatur/ Informant(in) Quellen	HKZ
				Maschores = Knecht, Schinder Manisch: massingero (masinaro) = Metzger Jenisch: maschores = Schinder, Vorarbeiter, Wächter im Gefängnis	(1976), 255 Jörg Bergemann (2012), 72	
(152)	7 57	maschulme	bezahlen; auszahlen	Hebräisch: leschalem = bezahlen Jiddisch: mesummonim = Bargeld Jensich: maschulme = bezahlen Schlausmen: Maschummen = Geld	Rachel Dror (2005) SWB (1914) 4.2, 1511 Robert Jütte (1978), 139	11
(153)	7 53 57	Masematte	Handel	Jiddisch: masso umatan = Handel, Verhandlung Jenisch: Massematte = Handelsgeschäfte, Handel, Sachen zweifelhafte Beschäftigung Händlersprache Schlausmen: masematte, Mardaine = Handel	SWB (1914) 4.2, 1517 Siegmund A. Wolf (1956), 3442 Jaacov Lavy (1980) 710 Robert Jütte (1978), 140 Jörg Bergemann (2012), 72	11
(154)	63	massakrieren	plagen, jdn. wehtun	frz. : massacre = plagen Neuhochdeutsch : massakrieren = zusammenschlagen, umbringen	Rachel Dror (2005) SWB (1914) 4.2, 1517 Jaacov Lavy (1980), 641	2
(155)	7 40 53 57 63	Massel	Glück	Hebräisch: mazal = Glück Jiddisch: masol = Gestirn; massel/mazel = Glück Wolf: Masel = Glück Manisch: massel = Glück Jenisch: massel = Glück	Jaacov Lavy (1980), 303 Duden Bd. 24 (1992), 115 SWB (1914) 4.2, 1517 Robert Jütte (1978), 140 Siegmund A. Wolf (1956), 3435 Hans-Günter Lerch (1976), 256 Jörg Bergemann (2012), 72	2
(156)	7 11 63	Massmattuken	kleine Schlägerei, Scharmützel	Hebräisch: matok = süß, masse = Tat Jiddisch: maisse = Tat	Netanel Wurmser (2005) Jaacov Lavy (1980), 636, 641	2
(157)	7, 57	Massörsche	Magd	Jiddisch: weibl. Form zu meschores = Diener Schlausmen: Massörsche = Dienstmädchen	Robert Jütte (1978), 141 Siegmund A. Wolf (1956), 3562	2

Herkunftsnachweis der ermittelten Wörter

lfd. Nr.	GW	Ermittelte Rotwelschwörter Schriftform	Bedeutung	Ermittelte Herkunft Erläuterungen	Literatur/ Informant(in) Quellen	HKZ
(158)	7 53 57	Massummen	Geld	Wolf: *Meschores* = *Diener*; *Maschores* = *Knecht* Hebräisch: *mesuman* = *bar zahlen* Jenisch: *Masum* = *Zahltag* Wolf: *mesummen* = *bar, abgezählt, bestimmt zubereitet*	Rachel Dror (2005) SWB (1914) 4.2, 1524 Siegmund A. Wolf (1956), 3572 Jaacov Lavy (1980), 71	11
(159)	7 57	matabre	verraten	Hebräisch: *le daber* = *reden* Jiddisch: *dappern* = *reden*	Netanel Wurmser (2005) Jaacov Lavy (1980), 606	2
(160)	11	Matzenbächer	Händler aus Matzenbach, Schimpfwort; kl. Gauner	Der Raum Matzenbach und Unterdeufstetten (Crailsheim) war und ist einer der Hochburgen des ambulanten Handels in Holz- und Kurzwaren, Körben, Bürsten und Besenbinderei; Jenisch als Händlersprache	OAB Crailsheim (1967) 381ff. u. 468ff. LAD-BW (1980) IV, 459[116]	13
(161)	63	Mauke	Predigt	*Maukler* = *der gern im Geheimen redet und handelt* allerdings Kluge: *Mauke* = *Fußkrankheit der Pferde*	SWB (1914) 4.2, 1535 Friedrich Kluge (1995), 546	10
(162)	53	Maukennest	Versteck, kleines	Hebräisch: *makhom* = *Ort, Platz* Jiddisch: *maukem* = *Siedlung* Vgl. *harbe mauken* *mauk, mauch, maunk* weisen alle auf ein geheimes Tun hin (Schlausmen: *Mauken* = *Stadt*)	SWB (1914) 4.2, 1535 Netanel Wurmser (2005) Jaacov Lavy (1980), 483 Robert Jütte (1978), 141	2
(163)	2 7 53 57	mäzie	billig	Hebräisch: *mezia* = *günstiger Kauf; Schnäppchen* Wolf: *Mezie* = *Fund, guter Kauf* (jiddisch)	Rachel Dror (2005) Siegmund A. Wolf (1956), 3584 Jaacov Lavy (1980), 372	11
(164)	7	Meihemer	100 Mark-Schein	Hebräisch: *mea* = *hundert* Jiddisch: *meje* = *hundert* Schlausmen: *Mei-Schuck* = *Hundertmark* Schlausmen: *Mailachs Finse* = *Hundertmark*	Robert Jütte (1978), 142 Netanel Wurmser (2005) Robert Jütte (1978), 137 Jaacov Lavy (1980), 348	11
(165)	53	Melomet	Schulmeister	Hebräisch: *melamed* = *Ge-*	Rachel Dror (2005)	2

---

[116] LAD-BW (1980): Landesarchivdirektion Baden-Württemberg: Das Land Baden-Württemberg, Amtliche Beschreibung nach Kreisen und Gemeinden, 8 Bände, Band IV, Stuttgart 1980, Seite 459.

Herkunftsnachweis der ermittelten Wörter

lfd. Nr.	GW	Ermittelte Rotwelschwörter Schriftform	Bedeutung	Ermittelte Herkunft Erläuterungen	Literatur/ Informant(in) Quellen	HKZ
				lehrter Wolf: *Melommet* = *Lehrer* (jiddisch)	Siegmund A. Wolf (1956), 3523 Jaacov Lavy (1980), 416	
(166)	57	Menaiem	Augen	Hebräisch: *ajien* = *Auge* Wolf: *enaim* = *Augen*	Rachel Dror (2005) Siegmund A. Wolf (1956), 1203 Jaacov Lavy (1980), 53	2
(167)	2 7	Mensch	Geschlechtsteil, weibl.	Von einem Schausteller im Verband der südd. Schausteller genannt; tlw. verächtlicher Ausdruck für *Weibsbild*	Friedrich Kluge (1963), 473, 846	13
(168)	7 53 57	Meschores	Knecht	Hebräisch: *meschares* = *Diener*, siehe *Massörsche*	Rachel Dror (2005) Siegmund A. Wolf (1956), 3562 Jaacov Lavy (1980), 145	2
(169)	2 57	Mischbuachem/ Misbuke, Mischpoke	Verwandtschaft	Hebräisch: *mischpacha* = *Familie* Jiddisch: *mischpocho* = *Familie* Schlausmen: *Mischpoke* = *Verwandtschaft* vgl. *Maschbucha* Manisch: *mischpoche* = *Gesindel*	Rachel Dror (2005) Siegmund A. Wolf (1956), 3623 Jaacov Lavy (1980), 218 Robert Jütte (1978), 143 Hans-Günter Lerch (1976), 259	11
(170)	7 57	Mitte	Bett	Hebräisch: *mitah* = *Bett*; *(Toten-) Bahre* Jiddisch: *mitto* = *Bett*; *Bahre* Schlausmen: *Mitte* = *Bett* Wolf: *Mitte* = *Bett*, *Lager*	Rachel Dror (2005) Siegmund A. Wolf (1956), 3637 Robert Jütte (1978), 143 Jaacov Lavy (1980), 102	2
(171)	2 7	Mochum	kleiner Ort	Hebräisch: *makom* = *Ort* Gaunersprache/Jenisch: *Mochum* = *Stadt* Wolf: *Mockum* = *Stadt, Ort*	Rachel Dror (2005) SWB (1914) 4.2, 1720 Siegmund A. Wolf (1956), 3646 Jaacov Lavy (1980), 483	11
(172)	7 40 54 57 63	Mores	Angst	Hebräisch: *mora* = *Angst, Furcht, Respekt* Jiddisch: *mojre* = *Angst* Jenisch: *Mores* = *Angst, Furcht, Schrecken* Aber auch: *Mores* = *Sitte, Anstand* Wolf: *Mores lehren* = *lehren, wie man sich aufführen soll*	Rachel Dror (2005) Friedrich Kluge (1963), 487 SWB (1914) 4.2, 1754f. Siegmund A. Wolf (1956), 3687 Netanel Wurmser (2005) Jaacov Lavy (1980), 30 Jörg Bergemann (2012) 74	11

Herkunftsnachweis der ermittelten Wörter

lfd. Nr.	GW	Ermittelte Rotwelschwörter Schriftform	Bedeutung	Ermittelte Herkunft Erläuterungen	Literatur/ Informant(in) Quellen	HKZ
(173)	7 2	Moss	Frau	Aus der Zigeunersprache Jenisch: *moss, mosch = Weib, auch schlecht berufene Weibsperson* Schausteller-Jenisch: *Moss = Angestellte (negativ)* Manisch: *Moss = Mädchen, Fräulein, Frau*	Christian Efing (2005), 175 SWB (1914) 4.2, 1770 Christian Efing (2004) 101 Robert Jütte (1988), 177 Hans-Günter Lerch (1976), 260 Jörg Bergemann (2012), 74 Christian Efing (2005), 246	3
(174)	11	Muffe	Angst	Wohl abgeleitet von *Muf = Hass, Schläge* Kommt aus der Gaunersprache/Übergang ins Jenische: *muffen = stinken, lecken, riechen*	SWB (1914) 4.2, 1783 Jörg Bergemann (2012), 74 Christian Efing (2005), 246	13
(175)	57	Müker	Pastor	Schlausmen: *Mucker = Pastor* SWB: *Mucker = Scheinheiliger* Aus dem Jenischen	Robert Jütte (1978), 145 SWB (1914) 4.2, 1779	13
(176)	53	muldom	viel, sehr viel	Von einem ehem. Gastwirt genannt, in dessen Gaststube in früheren Zeiten lt. Aufzeichnungen seiner Vorfahren häufig Handelsreisende verkehrten, Herkunft nicht nachweisbar; im Raum Hohenlohe gebräuchlich		10
(177)	7	nabbeln	schlachten	Hebräisch: *newalah = totes Tier, Kadaver*	Rachel Dror (2005) Jaacov Lavy (1980), 366	2
(178)	53 57	Nabbler	Metzger, Schlachter	Hebräisch: *newalah = totes Tier, Kadaver*	Rachel Dror (2005) Jaacov Lavy (1980), 366 Siegmund A. Wolf (1956), 3867	2
(179)	2	nablo	dumm	Hebräisch: *nawall = töricht (neg. gemeint), dumm* Kommt von *Kadaver, Betrüge* Schausteller-Jenisch: *nablo, narblo, nabloh =blöd, dumm*	Rachel Dror (2005) Christian Efing (2004), 102 Netanel Wurmser (2005) Jaacov Lavy (1980), 366	2
(180)	53	Naem	Augen, schöne Augen	Hebräisch: *enaim = Augen* Wolf: *enaim = Augen*	Rachel Dror (2005) Siegmund A. Wolf (1956), 1203	2

Herkunftsnachweis der ermittelten Wörter

lfd. Nr.	GW	Ermittelte Rotwelschwörter Schriftform	Bedeutung	Ermittelte Herkunft Erläuterungen	Literatur/ Informant(in) Quellen	HKZ
(181)	7	nossen	hergeben	Hebräisch: *noten* = *(er) gibt* Gaunersprache/Jenisch: *nosmen* = *einem etwas hergeben*	Jaacov Lavy (1980), 28 Rachel Dror (2005) SWB (1914) 4.2, 2061	11
(182)	19	Omleifer	Händler	Vernutlich von *Läufer* = *Schuh, Fu;* (sonst keine Angaben); im Raum Hohenlohe gebräuchlich	Siegmund A. Wolf (1956), 3141	13
(183)	7 57	Oreff	Garantie	Hebräisch: *arew* = *Bürge* Jiddisch: *orew* = *Bürge*	Rachel Dror (2005) Netanel Wurmser (2005) Jaacov Lavy (1980), 127	2
(184)	7 57	päaufen	schlafen	Vermutl. jen. Ursprungs Schlausmen: *pofen* = *schlafen* *Pau* = *Schlaf*	Robert Jütte (1978), 151 Siegmund A. Wolf (1956), 4381	10
(185)	7 63	päffen	rauchen	Vermutl. Jenischen Ursprungs; *von paffen* = *knallen, besonders mit den Lippen beim Tabakrauchen* Schlausmen: *päffen* = *rauchen*	Ludwig Hertel (1966), 177 Robert Jütte (1978), 148	13
(186)	57 63	Palmer	Raucher, starker Raucher	Vermutl. Jenischen Ursprungs Schlausmen: *pelmen* = *rauchen; Pelmer* = *Raucher*	Robert Jütte (1978), 149 Siegmund A. Wolf (1956), 4111,	13
(187)	2 7	Platefies	Marktaufseher	U. a. von einem Schausteller im Verband der südd. Schausteller genannt, vermutlich von Plattfuss (jemand, der sich die Beine in den Bauch steht) Vgl. Fr. Kluge *fies* = *widerwärtig* (niederdeutsch) Wolf: *Fiesel* = *Aufseher* Manisch: *Fiesel* = *junger Mann* Jenisch: *plattfüßeln, plattfüßla* = *tanzen*	Friedrich Kluge (1963), 197 Siegmund A. Wolf (1956), 1388 Hans-Günter Lerch (1976), 214 Jörg Bergemann (2012), 78	13
(188)	57	Rachejoiner	Müller	Hebräisch: *rechajim* = *Mühle* Schlausmen: *Rachejoiner* = *Müller* Wolf: *Rachajemer* = *Müller* Händlersprache	Robert Jütte (1978), 153 Siegmund A. Wolf (1956), 4453	13
(189)	48	Ranzen-	schlechter	*Ranzenbeißer*= *saurer Wein*	SWB (1914) 4.2, 133	13

133

Herkunftsnachweis der ermittelten Wörter

lfd. Nr.	GW	Ermittelte Rotwelschwörter		Ermittelte Herkunft	Literatur/ Informant(in)	HKZ
		Schriftform	Bedeutung	Erläuterungen	Quellen	
		spanner	Wein	Ranzen = Bauch, Leib Grenzfall zu Dialekt	Friedrich Kluge (1195), 666 Wolfgang Pfeifer (1989), 1369	
(190)	2	Riese	1000 Mark	Wolf: Riesenmann = Tausendkronennote	Siegmund A. Wolf (1956), 4580	13
(191)	7	Rödling	Blut	Wolf: Rötling = Blut Händlersprache Jenisch: Rötling = Blut	Siegmund A. Wolf (1956), 4648 Jörg Bergemann (2012), 80	13
(192)	7 53	Rutsch	Eisenbahn	Jenisch/Verbrechersprache; Öhringen/Pfedelbach Rutsch = Eisenbahn, kurzes Gleiten	Siegmund A. Wolf (1956), 4702	13
(193)	7 57	Sachmer	Messer	Hebräisch: sakin = Messer Sabl = schlechtes Messer Keine etymologische Angabe althochdeutsch: matiz-sahsa = Speiseschwert Schlausmen: Sackmer = Messer	Jaacov Lavy (1980), 443 SWB (1920) 5.1, 511 Friedrich Kluge u. Elmar Seebold (2002), 615 Robert Jütte (1978), 158	4
(194)	7 57	Sasseres	Lohn	Hebräisch: sechar = Lohn gelangte über Jiddisch zu Jenisch Jenisch: Sasseres = Teilnahme am Profit, Schmuserlohn	Rachel Dror (2005) Siegmund A. Wolf (1956): 4742 Jaacov Lavy (1980), 291 SWB (1914) 5.1, 583	11
(195)	7 57	Schäaufelmausk	Protestant	Schlausmen: Schaufelmausk = Protestant; schaufel = schlecht und mausk = Jude	Robert Jütte (1978), 162	13
(196)	7 57	Schäf	Mädchen	Hebräisch: schifcha = Magd Schlausmen: Schäfeken = Tochter Wolf: Schäfeken (Scheifen) = Tochter Diminutivum zu zigeunerisch: tsai = Tochter [117]	Robert Jütte (1978), 160 Siegmund A. Wolf (1956), 4779 Jaacov Lavy (1980), 432	2
(197)	53	Schaicher, Scheachem	Bier	Hebräisch: schechar = alk. Getränk Schlausmen: Schaicher = Bier Wolf: Schecher = Bier	Rachel Dror (2005) Netanel Wurmser (2005) Robert Jütte (1978), 160 Siegmund A. Wolf (1956), 4832	11

---

[117] Diminitivum = Verkleinerungsform eines Wortes; im Deutschen mit den Nachsilben -chen, -lein, im Schwäbischen mit -le.

Herkunftsnachweis der ermittelten Wörter

lfd. Nr.	GW	Ermittelte Rotwelschwörter Schriftform	Bedeutung	Ermittelte Herkunft Erläuterungen	Literatur/ Informant(in) Quellen	HKZ
(198)	7 53 57	Schails, Schätz/ Schäls, Schaiz	Mann, Handelsmann	Händlersprache Hebräisch: *schaiz* = *Händler* Schlausmen: *Schaitz* = *Handelsmann* Wolf: *Scheeks* = *junger Mann*	Jaacov Lavy (1980), 107 Rachel Dror (2005) Siegmund A. Wolf (1956), 4837 Robert Jütte (1978), 160	11
(199)	53 57	Schees	Kutsche, kleine Kutsche	Frz. Ursprungs: *chaise* = *Stuhl; chaise de poste* = *Postkutsche* *Carosse* = *Kutsche*	Netanel Wurmser (2005)	6
(200)	2 7 53 57	Scheges, Scheiges	Freund, Geselle, Arbeiter	Hebräisch: *schogez* = *„Callboy", leichter Junge* Jenisch: *schekes, schäges* = *Freund, Anrede der Männer untereinander, Kamerad, Lehrling, Schimpfwort für Schlossberger* Wolf: *Scheeks* = *junger Mensch, Bursche*	Rachel Dror (2005) SWB (1914) 5.1, 735 Siegmund A. Wolf (1956), 4837 Jörg Bergemann (2012), 82	11
(201)	57	Scheyf	Mädchen	Hebräisch: *schifcha* = *Magd* Jiddisch: *macheyfe* = *Hexe, unliebsame Person* Schlausmen: *Scheifen* = *Tochter;* s. Schäf Manisch: *tschaij* = *Mädchen, Tochter, Fräulein, Frau* Jenisch: *tschai* = *Frau*	Rachel Dror (2005) Robert Jütte (1978), 163 Siegmund A. Wolf (1956), 4779 Netanel Wurmser (2005) Jaacov Lavy (1980), 432 Hans-Günter Lerch (1976), 198 Christian Efing (2005), 248	2
(202)	2 7	Schickse	Frau	Hebräisch: *schekets* = *Abscheu* Jiddisch: *Schiktse* = *Nichtjüdin (neg. gemeint)* Jenisch: *Schickse* = *Weibsperson, Christenmädchen im Mund von Juden, Weib (abwertend), Hausmagd, Hure* Schlausmen: *Schixchen* = *Mädchen*	SWB (1914) 5.1, 809 Christian Efing (2004), 115 Netanel Wurmser (2005) Friedrich Kluge (1963), 646 Robert Jütte (1978), 164 Jörg Bergemann (2012), 83	11
(203)	2	schie	nicht in Ordnung	Vgl. chi, tschi		3
(204)	2 50	Schiffschaukler	Sammelbegriff für Schausteller	Obwohl das Wort im jenischen Sprachgebrauch häufig genannt wird, ist es in den einschlägigen Werken		13

Herkunftsnachweis der ermittelten Wörter

lfd. Nr.	GW	Ermittelte Rotwelschwörter Schriftform	Bedeutung	Ermittelte Herkunft Erläuterungen	Literatur/ Informant(in) Quellen	HKZ
				nicht aufzufinden; Herkunft jedoch jenisch (Schausteller-Jenisch lt. einem Schausteller-Zeitzeugen)		
(205)	7 53 57	schinäglen	arbeiten	von Herkunft Zwangsarbeit für die Landesherrn; jiddisch: *schinagole* = Abkürzung für Schubwagen *agolo* (hebr.) = *Wagen* jiddisch: *baal egule* = *Kutscher* Manisch: *schinageln* = arbeiten Jenisch: *schenegeln, schenageln, schenegla, schincheln* = arbeiten	Siegmund A. Wolf (1956) 4920 Rachel Dror (2005) Hans-Günter Lerch (1976), 279 Jörg Bergemann (2012), 82 Christian Efing (2005), 247	2
(206)	2	Schinum (tschinum)	Polizist, Wachmann, Kriminaler	Wolf: schien = *Schließer, Gefängnisaufseher* Jiddisch = sch (Anfangsbuchstaben von Schutzmann) jenisch: *Schinum* = *Landjäger* Verbrechersprache; Schausteller-Jenisch: *Schienum* = *Marktleiter; Schutzmann, Gendarm*	Siegmund A. Wolf (1956), 4898 SWB (1914) 5.1, 853 Christian Efing (2004), 116	13
(207)	7 57	schitischen, schittige	heiraten	Hebräisch: *schiduch* = verkuppeln Jenisch: *schidech* = heiraten	Rachel Dror (2005) SWB (1914) 5.1, 860 Jaacov Lavy (1980), 327	11
(208)	7 57	Schlieches	Knecht	Hebräisch: *schaliach* = Gesandte, Bote Jiddisch: *sch(e)liach* = Bote Schlausmen: *Schlickes* = *Handelsknecht* Händlersprache Aus der Sprache der Hechinger Juden: *Schliech* = wer sich einem gern anschließt und die meisten Dienste für ihn tut Wolf: *Schliach* = Bote	Rachel Dror (2005) Siegmund A. Wolf (1956), 4963 Jaacov Lavy (1980), 118 Robert Jütte (1978), 166 SWB (1914) 5.1, 938	11
(209)	2 7 57	Schmäh; Schmus lau	Süßholz raspeln	Hebräisch: *schmua* = Bericht, Gerücht Jiddisch: *schmuo* = Nachricht Schlausmen: *Schmius* = *Rede* Inwieweit das Wort *Schmäh* in diesem Zusammenhang auf *Schmach* = Beleidigung,	Netanel Wurmser (2005) Jaacov Lavy (1980), 284 Robert Jütte (1978), 166 SWB (1914) 5.2, 967	11

Herkunftsnachweis der ermittelten Wörter

lfd. Nr.	GW	Ermittelte Rotwelschwörter Schriftform	Bedeutung	Ermittelte Herkunft Erläuterungen	Literatur/ Informant(in) Quellen	HKZ
				Beschimpfung zurückzuführen ist, bleibt offen *Schmus* = Tätigkeit des *Schmusers und Lohn dafür* Wolf: *schmaichen*= schöntun	Siegmund A. Wolf (1956), 4993	
(210)	7	Schmuser	Zusprecher, Hilfskraft beim Verkauf von Vieh, Animator	Hebräisch: *schmua* = Bericht, Gerücht Jiddisch: *schmuo* = Erzählung Gaunersprache/Jenisch: *Schmuser* = Zusprechen beim (Pferde-) Verkauf Schlausmen: *Schmius* = Rede vgl. Schmäh Manisch: *schmusen* = reden, erzählen Jenisch: *schmusen, schmus* = reden, angeben, erzählen	SWB (1914) 5.2, 1018 Siegmund A. Wolf (1956), 5039 Jaacov Lavy (1980), 284 Robert Jütte (1978), 166 Hans-Günter Lerch (1976), 280 Jörg Bergemann (2012), 85	11
(211)	7 57	Schocher	Nachbar, ein bestimmter Nachbar	Hebräisch: *schachen* = *Nachbar* Jenisch: *Schöchere* = Wirtshaus; möglicherweise ist der *Nachbar-Wirt* gemeint	Rachel Dror (2005) Jaacov Lavy (1980), 458 SWB (1914) 5.2, 1093	11
(212)	2 7	schocken	Geschäfte machen	Hebräisch: *schuck* = Markt, Basar jiddisch: *Schuck* = Markt, Bazar (allerdings ist Schuck = Markt) Schlausmen: *schocken* = kosten (Ware) Wolf: *Schock* = (Jahr-) Markt Manisch: *tschuck* = Mark	Rachel Dror (2005) Robert Jütte (1978), 167 Siegmund A. Wolf (1956), 5109 Jaacov Lavy (1980), 435 Hans-Günter Lerch (1976), 206	11
(213)	7 53	Schogg-lamaem, Schokes	Kaffee	Jiddisch: *schocher majim* = *schwarzes Wasser* Schlausmen: *schokes* = *Kaffee* Schausteller-Jenisch: *Schoklemajum* = *Kaffee* Jenisch: *schokle, schohle* = *Kaffee* Wolf: *Schocher* = *Kaffee*	Robert Jütte (1978), 168 Siegmund A. Wolf (1956), 5107 Christian Efing (2004), 118 Jörg Bergemann (2012), 85	2
(214)	2 7 11 40 53 54	Schotter	Geld	Hebräisch: *schtar* = Geldschein *Kies, Gerölle und Steinschlag* *Das Wort Schotter steht umgangssprachlich auch für*	Rachel Dror (2005) Jaacov Lavy (1980) 274 SWB (1914) 5.2, 1121 Friedrich Kluge (1963), 678	2

Herkunftsnachweis der ermittelten Wörter

lfd. Nr.	GW	Ermittelte Rotwelschwörter Schriftform	Bedeutung	Ermittelte Herkunft Erläuterungen	Literatur/ Informant(in) Quellen	HKZ
	57			Geld Jenisch: *schubelo, schuben, schuk* = Geld	Christian Efing (2005), 175	
(215)	2 7 53	Schund, Schunt, schundig	Dreck, schlechte Ware, dreckig	Zigeunerisch.: *chin* = beschissen, schmutzig Jenisch/Gaunersprache: *schund, schunt*= Dreck, Kot, Unrat, wertloser Plunder Jenisch: *schuntlich, schuntig* = schmutzig, dreckig	Friedrich Kluge (1963), 684 SWB (1914) 5.2, 1189 Siegmund A. Wolf (1956), 5192 Christian Efing (2005), 247	3
(216)	7 40 53	schwarz werden	Geld abnehmen, anlügen, verkohlen	Schlausmen: *schwarz werden* = Erfolg haben, jdn. das Geld abnehmen Jenisch: *schwarz* = ohne Geld	Robert Jütte (1978), 169 Jörg Bergemann (2012), 88	13
(217)	2 7	shore	Ware, alles was zu verkaufen ist	Hebräisch: *sechorah* = Ware Jiddisch: *sechoro* = Ware Schlausmen: *schore* = Ware Schausteller-Jenisch: *sore* = Ware, Beute, Diebesgut Wolf: *Sore* = Ware Manisch: *schore* = Ware Jenisch: *schure* = Ding, *sore* = Sache, Ware	Rachel Dror (2005) Robert Jütte (1978), 169 Christian Efing (2004), 123 Siegmund A. Wolf (1956), 5395 Jaacov Lavy (1980), 746 Hans-Günter Lerch (1976), 280 Jörg Bergemann (2012) 89 Christian Efing (2005), 247, 248	11
(218)	2 7 40 54 57 63	Spelunke	Kneipe, üble	Neuhochdeutsch; Ulm/Söflingen: *Spelunke* = altes, schlechtes Haus Wolf: *Spelunke* = Gaunerkneipe lat.: *speluncula* = Spelunke	SWB (1914) 5.2, 1511 Siegmund A. Wolf (1956), 5435	4
(219)	7	Sprenker	Floh	Schlausmen: *Sprenker* = Floh Jenisch: *spitzvogel* = Floh, Biene, Hase	Robert Jütte (1978), 171 Jörg Bergemann (2012), 89	4
(220)	7 11 54 57 63	Sproke	Holz, Holzabfall	*Sprockel* = Holzstücke, die beim Holzspalten anfallen Kein Hinweis auf Rotwelsch Schlausmen: *Sproke* = Holz Wolf: *Sprock* = leichtes Holz	SWB (1914) 5.2, 1596 Robert Jütte (1978), 171 Siegmund A. Wolf (1956), 5492	4
(221)	7	stroiben	laufen	Schlausmen: *stroiben* = laufen, Etymologie unsicher	Robert Jütte (1978), 173	10
(222)	7	Suß, Zossen	Pferd	Hebräisch: *suß* = Pferd	Rachel Dror (2005)	11

Herkunftsnachweis der ermittelten Wörter

lfd. Nr.	GW	Ermittelte Rotwelschwörter Schriftform	Bedeutung	Ermittelte Herkunft Erläuterungen	Literatur/ Informant(in) Quellen	HKZ
	53 57 63			Jiddisch: *Sus = Pferd* Gaunersprache/Jenisch: *Sus = Pferd* Schlausmen: *Sussen = Pferd*	Jaacov Lavy (1980), 494 SWB (1914) 5.2, 1969 Siegmund A. Wolf (1956), 6390 Robert Jütte (1978), 173	
(223)	7 57	taufel	alt, betagt	Jiddisch: alt = *toyfel (taufel)* Schlausmen = *taufleche* *Gück = alte Frau* Wolf: *tofel = alt*	Rachel Dror (2005) Robert Jütte (1978), 174 Siegmund A. Wolf (1956), 5850	11
(224)	2	teilache	fortgehen, schnell fortgehen	Hebräisch: *telecha = gesandt werden* Schausteller-Jenisch: *tailachen = laufen* Wolf: *teilechen = schnell gehen* Manisch: *tailachen = gehen, laufen*	Rachel Dror (2005) Christian Efing (2004), 126 Siegmund A. Wolf (1956), 5790 Jaacov Lavy (1980), 269 Hans-Günter Lerch (1976), 186	11
(225)	7 57	Tiffel	Kirche	Jiddisch: *Tephilo = Gebet* Händlersprache Schlausmen: *Tiffel = Kirche* Wolf: *Tiffle = Kirche*	Robert Jütte (1978), 174 Siegmund A. Wolf (1956), 5828	11
(226)	7 53	Trittling	Fuß	Jenisch: *Trittling = Fuß, Schuh, Stiefel;* vom deutschen Treten Schlausmen: *trittcher = Schuh* Wolf: *Tritt* (auch *Drittling*) *= Schuh, Fuß* Manisch: *trittling = Schuh*	SWB (1908) 2.1, 393 Siegmund A. Wolf (1956) 5921 Robert Jütte (1978), 175 Hans-Günter Lerch (1976), 195 Jörg Bergemann (2012), 92 Christian Efing (2005), 248	13
(227)	7 57	verjaukern	verteuern	Hebräisch: *jakar = teuer* Jenisch: *jauker = teuer* Loschnekaudnisch = Name der Geheimsprache, besonders der jüdischen Viehhändler	Rachel Dror (2005) SWB (1914) 4.1, 91 Siegmund A. Wolf (1956), 2363 Jaacov Lavy (1980), 647	11
(228)	7	verkasemattuln	verhökern	1. Oehringen/Pfedelbach:. *Gassamatim (auch kassatme) = umherschlendern* 2. siehe oben: *Masematte = Geschäft, Handel*	SWB (1914) 4.1, 246	13
(229)	53 57	verramt	verstanden	Arabisch: *fahum = verstehen* Wolf: *veraumen = verstehen* Händlersprache	Rachel Dror (2005) Siegmund A. Wolf (1956), 6037	14
(230)	7 57	Walemachoiner	Soldat	Etymologie unbekannt		2

Herkunftsnachweis der ermittelten Wörter

lfd. Nr.	GW	Ermittelte Rotwelschwörter Schriftform	Bedeutung	Ermittelte Herkunft Erläuterungen	Literatur/ Informant(in) Quellen	HKZ
(231)	7 53	Wasser-schnall	Brotsuppe, Wassersuppe	Jenisch: *Wasserschnall* = *Wassersuppe, Brotsuppe*	SWB (1924) 6.1, 494	13
(232)	7 40 54 57	Zaster	Geld	Zigeunerisch: *sáster* = *Eisen* Schlausmen: *Zaster* = *Geld* Wolf: *Saster* = *Eisen*; *zastern* = *bezahlen*	Siegmund A. Wolf (1956), 4743 Robert Jütte (1978), 180	3
(233)	2 7 57	zocken	unfair, jdn. etwas abnehmen	Im Schwäbischen ist neben einer Reihe von Bedeutungen wohl am geeignetsten: *zocken* = *stossweise, ruckweise ziehen* Schausteller-Jenisch: *zocken* = *Karten spielen*	Rachel Dror (2005) Jaacov Lavy (1980), 320 SWB (1924) 6.1, 1250 Christian Efing (2004), 131	11
(234)	53 57	Zomes	Knochen	Von einem ehem. Gastwirt genannt, in dessen Gaststube in früheren Zeiten lt. Aufzeichnungen seiner Vorfahren. häufig Handelsreisende verkehrten. Im Raum Hohenlohe gebräuchlich. Hebräisch: *atzamot* = *Knochen*		10
(235)	57	zumsuden	fortgehen	Von einem ehem. Gastwirt genannt, in dessen Gaststube in früheren Zeiten lt. Aufzeichnungen seiner Vorfahren häufig Handelsreisende verkehrten, Herkunft nich nachweisbar; im Raum Hohenlohe gebräuchlich		10

Tab. 19 Etymologie der Rotwelschwörter

Zur Herkunftsbestimmung der Rotwelschwörter konnten, wie oben erwähnt, zwei Hebräisch-Kundige gewonnen werden.[118] Da der größte Teil der Rotwelschwörter hebräischen Wurzeln entstammt, konnten beide aufgrund ihrer Lebenssituation hebräische und jiddische Wortstämme erkennen. Die Antworten der Experten dienten zum einen der Bestätigung aufgefundener Worte, zum anderen, bei vergeblicher Suche nach Quellen, zwar als authentisch, nicht jedoch als Nachweis zur erfolgten bewiesenen Herkunft der Wörter. Die Literaturangaben *Efing, Jütte* dienen nicht dem Quellennachweis, sondern lediglich dem Aufzeigen einer Verbindung zwischen den in Spiegelberg vorgefundenen (Jenisch-)Wörtern und der Sprache der Sensenhändler im

---

[118] Es handelt sich hierbei um den Rabbiner der Israelitschen Gemeinde in Stuttgart, Netanel Wurmser und um Fr. Rachel Dror; beide Zeitzeugen sind mit der Nennung ihres Namens einverstanden (vgl. Kap. 6.2.2 Angaben der verwendeten Quellen).

Herkunftsnachweis der ermittelten Wörter

Sauerland beziehungsweise der wandernden Schausteller. Nichts ausgesagt ist damit über die Wanderbewegung selbst, das heißt in welcher Richtung (beispielsweise von Nord nach Süd und umgekehrt) die Weitergabe der Sprachelemente erfolgte. Es soll hiermit lediglich dokumentiert werden, dass die in Spiegelberg vorgefundenen Wörter jenischen Ursprungs durchaus auch in anderen Gebieten, Bevölkerungsteilen und -schichten bekannt waren.

Die Angaben *Weinreich, Lavy und Duden Jiddisches Wörterbuch* dokumentieren ebenso nicht die Herkunft der Wörter, sondern verweisen auf die hebräisch-/jiddischen Wurzeln einzelner Wörter.

Es war nicht in allen Fällen möglich, das in Spalte 1 genannte Wort eindeutig einem Stamm zuzuordnen. Dies trifft auch auf Wörter zu, deren Herkunft, zum Beispiel bei Wolf, als hebräisch ausgewiesen wird. Ein Beispiel: das in der Untersuchung ermittelte Wort *Genesairem* wurde von den Befragten als *Schnaps* übersetzt. Dies läßt auf unterschiedliche hebräische Stämme schließen wie auf *nasir = Mönch, Enthaltsamer, Asket*. Inwieweit hier tatsächlich eine sprachliche Transmission von *Mönch* über verschiedene Zwischenstationen zu *Schnaps* erfolgt ist, liegt beim derzeitigen Kenntnisstand im Bereich der Spekulation, während *genärig = nähren, eifrig um Nahrung bemüht*, im Zusammenhang mit *nasir* durchaus ein alkoholisches *Getränk = Schnaps* ergeben könnte.

6.2.4 Zusammenfassung und Bewertung der Rotwelschwörter

Die 235 Rotwelschwörter weisen folgende Herkunft auf:

HKZ	Herkunft aus/von	Anzahl	In %
1	**Jenisch**	(138)	(58)
11	davon Hebräisch-Jiddisch	72	30,5
12	davon Slawisch	6	2,5
13	davon Jenisch-Deutsch	59	25
14	davon Arabisch	1	0,5
2	**Hebräisch-Jiddisch** (ohne Übernahme ins Jenische)	57	24
3	**Zigeunerisch (Sinti und Roma)**	6	2,5

Herkunftsnachweis der ermittelten Wörter

HKZ	Herkunft aus/von	Anzahl	In %
4	Deutsch	11	5
5	Lateinisch	2	1
6	Französisch	2	1
10	Etymologie unsicher, nicht eindeutig zuzuordnen	_19_	_8_
	Gesamtanzahl der Rotwelschwörter	235	100

Tab. 20 Zusammenfassung der Herkunftsnachweise der Rotwelschwörter

Schon bei der Erfassung der ermittelten Rotwelsch-Wörter war zu vermuten, dass die Mehrzahl der aufgenommenen Wörter **jiddische**– bzw. **hebräische** – Quellen erkennen ließen.

Dies ist nicht verwunderlich, bietet doch gerade im Jiddischen das hebräische Element die beste Möglichkeit, unverständlich zu sprechen. Jiddisch findet sich sowohl im Pfedelbacher Jenisch als auch beispielsweise im Schlausmen wieder, weil diese Lehnwörter in ihren wunderlichen Zusammensetzungen und Verschiebungen unverständlich genug waren, um sich zu einer mit anderen sprachlichen Elementen vermischten geheimen Händlersprache umgestalten zu lassen.[119]

Addiert man alle hebräisch-jiddischen Herkunftswörter (HKZ Nr. 2 + HKZ Nr. 11 aus Tabelle 20), so ergibt sich ein Anteil von ca. 55 %. Ein Grund für die Aufnahme vieler hebräisch-jiddischen Wörter in die Geheimsprache war, dass sich im Mittelalter große Teile der deutschen und europäischen Unterschichten untereinander in Kontakt befanden und im 18. Jahrhundert der Kleinhandel fest in der Hand der jüdischen Bevölkerungsgruppe verankert war.[120]

Der Anteil des **Jenischen** in Spiegelberg über alle Teilkomponenten hinweg beträgt knappe 60 %, davon entfallen auf **jenisch-deutsch** 25 %, auf hebräisch-jiddische Bestandteile 30 %, ungefähr 2 % **slawische** Ausdrücke und keine **romanischen** Rudi-

---

[119] Friedrich Christian Benedict Avé-Lallemant (1998), IV, Seite 197.
[120] Robert Jütte (1988), S. 28, 117, 127.

Herkunftsnachweis der ermittelten Wörter

mente.[121]

Der Anteil der Wörter außerhalb des Jenischen mit deutscher Herkunft ist mit ungefähr 5 % gering, während Französisch und Latein als Quellen nicht ins Gewicht (je circa 1%) fallen.

Aus der Sprache der Sinti und Roma konnten einige Wörter ermittelt werden (2,5 %). Ein Grund für die geringe Durchsetzung der Geheimsprache mit zigeunerischen Elementen ist darauf zurückzuführen, dass diese – vergleichbar den Schaustellern – über ein ausgeprägtes Stammesbewusstsein verfügen, das sich als Hemmschuh im sozialen Kontakt zu den übrigen Hausierern erwies.[122]

Die häufige Übereinstimmung mit den Schlausmen-Wörtern lässt darauf schließen, dass die Händler durch ihre Tätigkeit nicht nur regional aktiv waren, sondern über die nähere Region hinaus Kontakte und reger Wortaustausch stattgefunden haben.[123] Die Wanderbewegung des fahrenden Volkes wird durch den Gebrauch desselben Wortschatzes dokumentiert.

Es gilt als sicher, dass in anderen Regionen, in denen neben Spiegelberg auch Jenisch gesprochen wurde, z. B. in Leinzell usw., ebenfalls eine weitgehende Übereinstimmung von Sprachelementen vorgefunden wird.

Das Ergebnis dieser etymologischen Auswertung bestäigte, dass die Mehrzahl der in Spiegelberg ehemals gesprochenen Wörter **hebräisch-jiddischen und jenischen Ursprungs** sind.

---

[121] Robert Jütte (1978), S. 71/73.
[122] Vgl. Kap 3.2 Entstehung der Handelsberufsstrukturen.
[123] Robert Jütte (1978), S. 70: Etymologischer Zusammenhang des Schlausmen mit entfernteren Regionen.

7 Nachtrag zur Fallstudie in Spiegelberg

Die Ergebnisse der Fallstudie in Spiegelberg wurden unter anderem in der Stuttgarter Zeitung, der Backnanger Kreiszeitung, in den Nachrichten Spiegelberg und in den Nachrichten der Gemeinde Schwieberdingen veröffentlicht.[124]

Diese Veröffentlichungen erzielten eine überaus große Resonanz. Es ergaben sich hierbei eine Reihe zusätzlicher interessanter Kontakte. Diese sprachhistorischen neuen Erkenntnisse dienen der Vervollständigung der Fallstudie Spiegelberg. Die bedeutendsten werden nachstehend wiedergegeben.

7.1 Sondersprachelemente in anderen Regionen

7.1.1 Bürgermeister von Wilsbach/Obersulm

Als Reaktion auf die Veröffentlichung des Rotwelsch-Berichts in der Stuttgarter Zeitung vom 6. Februar 2001 meldete sich der Bürgermeister aus Wilsbach/Obersulm bei dem Verfasser und wies darauf hin, dass in den Gemeinden Pfedelbach und Öhringen die Sondersprachen des Wanderhandels sehr geläufig gewesen seien. Dies konnte ihm durch einen Hinweis auf bereits erfolgte Studien, durchgeführt von der Universität Münster, bestätigt werden.[125]

7.1.2 Ein Bürger aus Trochtelfingen

Als weitere Reaktion auf die Veröffentlichung des Rotwelsch-Berichts in der Stuttgarter Zeitung vom 6. Februar 2001 berichtete der Anrufer aus Trochtelfingen von je

---

[124] Stuttgarter Zeitung vom 6. und 12. Februar 2001; Bericht über die Spiegelberger Rotwelschstudie. Backnanger Kreiszeitung vom 12. April 2002 Sonderbeilage in „Unsere Heimat"; Wiedergabe der gesamten Fallstudie, ergänzt um Gaunerzinken. Nachrichtenblatt Spiegelberg vom 18.10./25.10./31.10.2001; Bericht über die Spiegelberger Fallstudie in 3 aufeinanderfolgenden Ausgaben. Nachrichten der Gemeinde Schwieberdingen vom 25.04.2002: Bericht von Frau Margret Schunk über die Spiegelberger Fallstudie anlässlich eines am 28.04.2002 gehaltenen Referats des Verfassers beim ökumenischen Seniorennachmittag der ev. und kath. Kirchengemeinden in Schwieberdingen. Vgl. Anonymus (2002) v. 25.4.2002 und 16.5.2002: Nachrichten der Gemeinde Schwieberdingen.

[125] Vgl. auch Kap. 7.2 Jenisch in Pfedelbach.

Nachtrag zur Fallstudie in Spiegelberg

einem stattgefundenen Pferdemarkt in Riedlingen und Laupheim, auf dem nur ROTWELSCH gesprochen worden wäre. Recherchen ergaben folgende Sachverhalte:[126]

- **Riedlingen**

In *Riedlingen* bzw. im gesamten Oberamtsgebiet war schon im Königreich Württemberg Pferdezucht und -Handel bedeutend (Oberamts-Beschreibungen), jedoch fand dort eine Veranstaltung, wie der Informant aus Trochtelfingen berichtete, nicht statt.

- **Laupheim**

Auf *Laupheim* traf die Aussage des Anrufers zu. In einem Telefonat mit dem noch aktiven Pferdehändler Robert Maier aus Riedlingen am 15.09.2005 fand im Oktober 1996 ein Pferdemarkt statt, bei dem er sich selbst als Pferdehändler, verkleidet in mittelalterlicher Maskarade, darstellte und in der Standardsprache (schwäbisch durchsetzt mit einer Reihe von hebräischen Sprachelementen für den Viehhandel) der Viehhändler verhandelt hatte.[127] Seine Gesprächspartner waren ebenfalls hebräisch sprechende Gewährsleute.

Die Veranstaltung verbuchte er als vollen Erfolg. Nicht so erfolgreich war die Wiederholung der Darbietung im Jahr 2004, da sich zwischenzeitlich der Kreis der Kenner hebräischer Lehnwörter reduziert hatte. Der Pferdehändler selbst betreibt den Pferdehandel bereits in der 4. Generation und bedauerte die schwindende Bedeutung der ehemaligen Sprache der Vieh- und Pferdehändler. Trotzdem darf diese Reflexion darauf schließen lassen, dass immer noch Interesse an den Sondersprachen des Wanderhandels in der Bevölkerung besteht.

---

[126] Nach Rücksprachen mit dem Museumsleiter der Gemeinde Riedlingen und einem Vertreter der Gemeinde Laupheim am 12.09.2005.
[127] H. Maier war mit Nennung seines Namens einverstanden. Vgl. Kapitel 4.4 Das soziale Handeln/aufgezeigt am Beispiel des Viehhandels.

Nachtrag zur Fallstudie in Spiegelberg

7.1.3 Stellvertretender Bürgermeister von Leinzell

Aus Leinzell bei Schwäbisch Gmünd meldete sich der stellvertretende Bürgermeister. Er überließ dem Verfasser dieser Arbeit eine Jenisch-Ausarbeitung und eine Dissertation über die Sondersprache in seiner Heimat. Aufgrund einiger Gespräche konnten eine Reihe weiterer Kontakte geknüpft werden. Auch diese Kontakte trugen zu einer Vertiefung des Interesses des Verfassers an Rotwelsch bei und bildeten einen Teil der Grundlage zu dieser Arbeit.

7.1.4 Ortsarchivar der Gemeinde Oberstenfeld (Kreis Ludwigsburg)

Nach der Veröffentlichung in der Backnanger Kreiszeitung meldete sich der Archivar der Gemeinde Oberstenfeld.[91] Aufgrund des Aufbaus und des Inhalts der Studie regte er eine Untersuchung für die Gemeinde Oberstenfeld in derselben Art an. Der Zeitpunkt hierzu wurde offen gehalten.

7.1.5 Rotwelsch in Backnang/Rems-Murr-Kreis

7.1.5.1 Viehhändler und Fleischvermarkter aus Backnang/Waldrems

Der Informant blickt auf eine lange Ahnentafel zurück, die bis ins Jahr 1570 dokumentiert ist.

Die Familie stammt ursprünglich aus Strümpfelbach (seit 1325) im Remstal (heute ebenfalls Rems-Murr-Kreis), 2 Brüder wanderten nach Bessarabien aus (1842), ein Bruder, der Urgroßvater des Informanten, kaufte den *Krebshof* im Mainhardter Wald. Im Jahre 1925 zog diese Familie nach Backnang um. Heute ist der erwähnte „Sippenverband" über die gesamte Welt verstreut. Durch den Gebrauch von Rotwelsch-Wörtern innerhalb der Viehbranche und über die Verbindungen zu Juden wurden umfangreiche Sprachelemente gewonnen und weitergepflegt.

Zusammen mit dem Informanten wurden die in Spiegelberg ermittelten Wörter und Redewendungen durchgesehen. Als Untersuchungsmethode wurde auch hier die *Direkte Methode*, in erster Linie die *Semasiologische Methode*, angewandt.

Die in Backnang-Waldrems ermittelten Wörter sind weitgehend identisch mit den in Spiegelberg vorgefundenen Sprachelementen. Dies bezieht sich sowohl auf die Dialekt- als auch auf die frei genannten und wiedererkannten Rotwelsch-Wörter. Es bleibt festzustellen, dass keine zusätzlichen frei genannten Wörter genannt worden sind.

Bezüglich der Viehhändlersprache, den hebräischen Zahlensystemen und den Redewendungen herrschte völlige Übereinstimmung mit den in Spiegelberg ermittelten Elementen. Dies bedeutet, dass letztlich auch bei der Auswertung hinschtlich der Etymologie der Wörter dasselbe Ergebnis wie in Spiegelberg ermittelt werden konnte.[128]

7.1.5.2 Zusammenfassung und Bewertung

Durch die für Backnang-Waldrems ermittelten Wörter hat sich die Anzahl der gefundenen Rotwelsch-Sprachelemte insgesamt nicht erhöht. Allerdings ist zu beachten, dass eine Reihe von Wörtern, die in Spiegelberg gefunden wurden, in Backnang nicht nachgewiesen werden konnten.

Da Spiegelberg und Waldrems räumlich nicht allzuweit auseinander liegen (ca. 15 km), es sich somit um ein zusammenhängendes Kultur- und Sprachgebiet handelt, war zwangsläufig ein hohes Maß an Übereinstimmung vorhanden.

Die Anzahl der genannten Wörter ist auch in Waldrems nicht abschließend. Da es sich hierbei größtenteils um Wörter einer vorgelegten Liste handelt, ist zu vermuten, daß noch weitere Rotwelsch-Wörter in Backnang-Waldrems gebräuchlich waren.

---

[128] Vgl. Kap. 6 Herkunftsnachweis der ermittelten Wörter.

7.2 Jenisch in Pfedelbach[129]

Nach der Veröffentlichung der Rotwelsch-Studie am 6. Febr. 2001 in der Stuttgarter Zeitung, Regionalteil Rems-Murr-Kreis, vermittelte der in vorigem Abschnitt vorgestellte Fleischfabrikant aus Backnang Kontakt zu dem ausgezeichnet Jenisch sprechenden Ewald Klenk aus Pfedelbach. Dieser lud einige Personen zu einer kleinen „Jenisch-Runde" ein.[130]

7.2.1 Einladungsschreiben zum Jenisch-Treff[131]

Ewald Klenk Mozartstr. 26,
74629 Pfedelbach

Tel. 07941-8366 Fax 07941-7291
E-Mail icklenk@t-online.de

Quante Ulma,
quante Mossena,

lt. Diwerei am Telefon wegen de quante Butterei un kitte Schwecherei bei mir am Schwarzmann un dera Herdlingsgusch.

---

[129] Vgl. auch Heinz E. Walter (2000): Die Herkunft der Jenischen in Pfedelbach (Heuberg), Münster 2000, passim.
Außer in Pfedelbach wurde auch in anderen Landschaften und Gemeinden Jenisch gesprochen; einige ausgewählte Literaturangaben:
Christion Efing (2005): Das Lützenhardter Jenisch. Studien zu einer deutschen Sondersprache, Wiesbaden 2005.
Jörg Bergemann (2012): Das Schloßberger Jenisch, Studien zu Überlieferungslage und zum Wortschatz, Hamburg-Münster 2012.
Wolfram Windolph (1998): Nerother Jenisch, schriftliche Quellen und Glossar, Wiesbaden 1998.

[130] Eingeladen nach Pfedelbach hatten Herr Klenk und seine Frau: den Fleischfabrikanten aus Waldrems mit Frau, den Bürgermeister mit Frau, einen Historiker mit Frau und den Verfasser dieses Werks mit Frau.

[131] Herr Ewald Klenk hat der Nennung seines Namens und der Adresse in dieser Arbeit am 22.07.2005 ausdrücklich zugestimmt.

Nachtrag zur Fallstudie in Spiegelberg

> Wie kitt am Telefon gediwert, buggelt ihr von eurer Mollerei an quanta Bossert, der im Jenischdiwerbacher Schwarzmann mit Funkert gesichert wird.
>
> Bei dera Sichererei in de Schwärz wollt ihr ja die Scheiling scheppeln lossa un laurira wie de Bossert im Schwarzmann gesichert wird! An Blätling, Schwarzfloße, Giges, Jole un an Katschete scheppelt zum Schwecha.
>
> Beim Mittscheibutta un nem lack's Gediwer un a quant gschmolla, wenn a Schuberles-Gediwer über da Bobbere scheppelt.
>
> A a kitte Gleisbeliftza zundern?
>
> D'Scharle how i per Flebbe audiwert, dass er mit seinere Moß a boscht un lauriert, natürlich a quant wickelt un schwecht.
>
> An quante Schei.

Abb. 16 Original-Einladungsbrief in Jenisch

Die Einladung erfolgte mit vorstehendem Original-Brief; hier die deutsche Übersetzung:

> Liebe Männer,
> liebe Frauen,
>
> laut unserem Gespräch am Telefon, wegen dem guten Essen und der besonderen Trinkerei bei mir am Holzbackofen und dem Backhaus.
>
> Wie besonders am Telefon besprochen, bringen Sie von Ihrer Metzgerei einen guten Braten, der im Pfedelbacher Holzbackofen mit Feuer zubereitet wird.
>
> Bei der Zubereitung in der Küche wollten Sie ja die Augen wandern lassen, und zuschauen, wie der Braten im Holzbackofen zubereitet wird! Einen Salat, Kaffee, Most, Wein und einen Schnaps gibt es zum Trinken.
>
> Beim Mittagessen und einem dummen Geschwätz und genügend Gelächter, wenn ein Gespräch über Gespenster aus dem Mund sprudelt.
>
> Auch eine gute Milchsuppe essen?
>
> Den Bürgermeister habe ich per Brief angeschrieben, dass er mit seiner Frau auch kommt und sieht, natürlich auch gut isst und trinkt.
>
> Einen guten Tag.

Abb. 17 Übersetzung in Deutsch

Nachtrag zur Fallstudie in Spiegelberg

7.2.2 Ablauf der Veranstaltung

Aufgrund des nachhaltigen Eindrucks, den die Veranstaltung in Pfedelbach am 9. Dez. 2001 bei den Teilnehmern hinterließ, wird nachstehend der Verlauf der Zusammenkunft aus der Sicht eines *Augenzeugen* wiedergegeben, zur Bekräftigung des Beweises der Authentizität des zumindest in volkstümlich orientierten Kreisen noch lebendigen Jenisch in Pfedelbach.

Das kurzzeitige Abweichen von der Form einer rein wissenschaftlichen Arbeit ist dadurch gerechtfertigt, dass die Veranstaltung auch auf den Verfasser einen nachhaltigen Eindruck hinterlassen hat, so dass er sich auch nach Abschluss der Fallstudie und deren Veröffentlichung weiterhin mit den regionalen Ausprägungen der Sondersprachen des Wanderhandels beschäftigt. Letztlich ist diese Arbeit eine Bestätigung dieser Aussage. Auch bewegt sich ein solcher Einschub durchaus im Rahmen einer sozialgeschichtlichen Betrachtung.

Kurzbericht des Augenzeugen

„Die Teilnehmer der Runde wurden vom Hausherrn in seinem Einfamilienhaus in Pfedelbach empfangen, durch einige Winkel geführt und landeten schließlich in einer Backstube mit einem recht großen Backofen; vergleichbar dem Interieur einer Bäckerei (der Hausherr selbst ist Bautechniker im Ruhestand und anerkannter Hobby-Bäcker sowie ausgezeichneter Kenner des Pfedelbacher Jenisch. Er spricht und schreibt perfekt Jenisch.[132]

An einfachen Biertischen saßen bereits der erwähnte Fabrikant aus Backnang und ein Historiker, jeweils mit Frau. Auch die Frau des Einladenden war anwesend (insgesamt 8 Personen). Leider konnte der ebenfalls eingeladene Bürgermeister von Pfedelbach nicht teilnehmen.

---

[132] Vgl. auch Klaus Siewert (1997): Das Pfedelbacher Jenisch. Mit einem Glossar aus den schriftlichen Quellen; in: Zeitschrift für Dialektologie und Linguistik, Bd.64, Stuttgart 1997, passim.

Nachtrag zur Fallstudie in Spiegelberg

Vor dem Backofen lagerten einige Wurst- und Fleischwaren, die nach und nach in den recht heißen Ofen vom Hausherrn geschoben wurden. Ein angenehmer Duft durchzog den Raum. Während ein Teil der Tafel bereits speiste und sich den Wein aus Pfedelbach, einer hervorragenden Weingegend in Württemberg-Hohenlohe, munden ließ, dozierte der Hausherr über das Jenische in Pfedelbach, wobei er ständig den Ofen bediente und vorbereitete Braten und Würste hineinschob und dieselben wohlriechend wieder herauszog. Der nachfolgende Vortrag wird wörtlich wiedergegeben:

„Wir wollen heute die Antwort finden auf die Frage: Wie kam die jenische Sprache nach Heuberg und Pfedelbach?

Im fürstlichen Wasserschloss Hohenlohe zu Pfedelbach residierten die ehemaligen Grafen zu Pfedelbach. Bei der Landschaftsteilung von 1553 fiel Pfedelbach an die Stetter der Waldenburger Hauptlinie, dem Grafen Eberhard (1590-1650), zu.

Dessen Söhne starben bald und so gelangte Pfedelbach an seinen Bruder Hiskias (1631-1685).

Der Sohn von Hiskias, Ludwig Gottfried, geb. am 06.12.1668 zu Pfedelbach, starb am 18.09.1728 kinderlos in Pfedelbach."

Der Hausherr machte eine kleine Pause, die die Anwesenden zu einem kleinen Umtrunk nutzten. Danach fuhr er fort:

„Ein trauriger Zufall ist den Kirchenorten dieses Landes zugestoßen, da der bisherige gnädigste Brot- und Landesherr, Graf Ludwig Gottfried, Graf von Hörnlör und Herr zu Langenburg, als der von der Waldenburg´schen Linie übriger, evangelischer Herr, nach 7-tägiger Krankheit das zeitliche Leben mit dem Tode am 18.09.1728 einbüßen musste.

Er war der letzte evangelische Herr und mit ihm erlosch auch die Pfedelbacher Linie. Seine Besitzungen wurden 1729 zwischen Hohenlohe-Schillingsfürst und Hohenlohe-Bartenstein geteilt.

So erhielt Graf Ferdinand zu Bartenstein, geb. am 13.06.1709, gestorben am 03.04.1745, im Jahre 1730 die Pfedelbacher Grafschaft. Dadurch wurde

Nachtrag zur Fallstudie in Spiegelberg

in Pfedelbach der katholische Glauben durch Graf Ferdinand zu Bartenstein eingeführt."

Wiederum eine Pause, in der der Hausherr den heißen Ofen nachschürte und den Gästen wieder frisch gebackene Leckereien servierte. Nach einem prüfenden Blick in die Runde setzte er seinen Bericht fort:

„Graf Ludwig Gottfried hatte vordem alle möglichen Maßnahmen getroffen, um den evangelischen Charakter seines Landes vor Veränderungen zu bewahren. Um dies seinen Nachfolgern zu erhalten, schloss er vorsorglich eine Reihe von Verträgen ab. Graf Ferdinand von Bartenstein, der erste katholische Herr seit der Reformation, war dessen ungeachtet bestrebt, möglichst viele Glaubensbrüder in seiner Grafschaft ansässig zu machen.

So siedelte er umherziehende Katholiken in Griet, Espig und Heuberg und vor den Toren von Pfedelbach an.[133] Der Heuberg, ein Ausläufer des Mainhardter Waldes, war bis dahin völlig unbewohnt.[134]

Die einzige Bedingung, die Graf Ferdinand an seine neuen Bewohner stellte, war, dass sie katholisch waren.

Die auf dem Heuberg angesiedelten Leute setzten sich aus allen Teilen Württembergs und weiterer Länder zusammen.

Die meisten Angesprochenen unter dem fremden Volk aus Preußen, Schweden, Österreich und Umherziehenden aus dem 30-jährigen Krieg hatten keinen rechtschaffenen Beruf erlernt und bislang keinen festen Wohnsitz. Es waren Vagabunden, Musiker, Soldaten, Gauner, Pfannenflicker und Scherenschleifer unter ihnen.

Sie waren sehr arm. Sie versuchten eben mit allen Mitteln, sich recht und schlecht durch's Leben zu schlagen. Natürlich ging es nicht immer ganz ehrlich zu - dass sie sich oft auf falscher Bahn bewegten, ist leicht vorstellbar.

---

[133] Orte in der Nähe von Pfedelbach.
[134] Vgl. auch Heinz E. Walter (2000): Die weiten Wege der Jenischen. Die abenteuerliche Sprache der Landstraße, Offenau 2000, S. 35-45 *Erste Jenische Ansiedler in Heuberg*.

Diese angesiedelten katholischen Leute bedienten sich der Jenischen Sprache, die sie voll und ganz beherrschten.

Die urprünglichen Bewohner von Heuberg starben im Laufe der Zeit aus. Durch die neu Hinzugezogenen wurde die jenische Händlersprache auch auf andere Volksteile übertragen.

Schon die Bauweise der damaligen Kolonisten zeugte von ihrer wirtschaftlichen Lage. Die Häuslein, meist einstockig gebaut, waren niedrig und ärmlich. Nicht selten hatten sie zur ebenen Erde nur einen Raum, in dem sich die ganze Familie aufhielt.

Bis vor wenigen Jahren (Stand 2002) konnte man noch solche aus jener Zeit stammende Häuslein mit Scheune finden, während sie heute zu stattlichen Einfamilienhäusern oder Bauernanwesen erweitert oder umgebaut worden sind.

Die in Pfedelbach und Heuberg lebenden Bauhandwerker, wie Maurer, Gipser, Zimmerleute und vor allem Steinhauer, bedienten sich der jenischen Sprache und überlieferten die Gaunersprache bis in die 50er und 60er Jahre des 20. Jahrhunderts.

Wir, die Jenisch-Gruppe von Pfedelbach, haben eine Gemeinschaft seit Juli 1990 gebildet und wir wollen die jenische Sprache wieder vollständig aufleben lassen und sprechen. Zu den Pfedelbacher Schlossfesten haben wir Theaterstücke geschrieben und im Pfedelbacher Schlosshof auch aufgeführt.

Mein Großvater mütterlicherseits und der evangelische Pfarrverweser aus Pfedelbach formulierten zu unseren Bemühungen, Jenisch wieder zu beleben, folgende Aussage:

Den Leistungen der Gauner, die sie auf dem Gebiet der Sprache vollbracht haben, darf eine große Anerkennung nicht versagt werden.

In Pfedelbach geht die Geheimsprache neben der gewohnten Muttersprache einher und hat durch die Jahrhunderte hindurch die Kraft aufgebracht, altes Sprachgut zu bewahren und neues in sich aufzunehmen und auch neues zu schaffen. Es ist unser Zukunftsziel, auch die Jugend mit einzubinden."

Ende der wörtlichen Rede.

Es sollen an dieser Stelle nicht die historischen Stimmigkeiten überprüft werden, sondern des Wesentliche an der Schilderung von Herrn Klenk war die Bestätigung der Abhängigkeit des Volkes von der Glaubensrichtung des Fürsten und die sich daraus ergebenden Konsequenzen hinsichtlich der soziologischen, politischen, kulturellen, sprachlichen und wirtschaftlichen Gegebenheiten für die Bevölkerung einer Ortschaft, eines Gebietes oder eines Landes.[135] Dies scheint mit dem „*Referat*" doch recht gut gelungen zu sein.

Zum Abschluss der Veranstaltung teilte Herr Klenk an die Anwesenden noch eine von ihm verfasste Dokumentation des Jenischen aus.

7.2.3 Die „Jenischdiewereer" in Pfedelbach

> An quante Schei ihr Mossena, Ulme, Herrles un Galme.
> Mir Jenischdiewereer wolle Ihne des Gediewer von früher un wie in Jenischdiewerbach gediewert und kauert isch.
> Da Herrles uff da Rotgusch war da Scharle, da Kolb isch da Gallach in da Duft, wo bardanalt wird.
> Schradeskneppler schlitze in Galmegusch un faggeln mit da Schrades.
> Da Buz isch da lagge Mossena un Ulme nooch gschadert un hat se uffgfaggelt un ins Kittle schnadern lassa.
> Im Heft hat's Stichler, Kluftedapflanzer, Trittlingspflanzer, Zäunapflanzer, Lehmschupfer, Katzuffe, Schollesknepppler, Hertlingskneppler, Kiesler, Sprutzler un Sprau0ler gehet.
> An Haufa Beizer warn in Diewerbach. Die Herrles un Mossena hen alle Gschinnachelt un sich da Lowe beigeschinnechelt un da Butterei gesichert.

---

[135] Vgl. auch http://www.pfedelbach.de/geschichte.html.

Nachtrag zur Fallstudie in Spiegelberg

Bestiebt hen se´a Schwarzflouse mit Kaffernlehm, zum Mittscheibutta a Gleisbolifze, Schumbolla, Blätling, Kraunert un nowes viel Bossert vom Gronikel oder Stripfling.
Zum Leileschei hat da Stinkert gäwwe mit Spraußlehm, etiche Bäzamm, an Därmling mit Funkertbossert un am End hen se an Katschede gschwecht.
Mossena un Galme hen an Bummerlingsbrandling oder Stieling un Schwarzfloute mit Gleis budd.
Gschwecht hen da Herrles a Schottele Giges un Joole. Galme hen a Schottele Joole am Leileschei bestiebt, noo hen se kitt dormt.
Am Duftschei hat an Bossert vom Gronikel oder junge Stiernickel oder an Laggabatscher mit Spatza un Blätling gesichert gawa.
Am Schei isch da Herrles mit da Moß un da Galme in Duft zum bardenalle geschnadert.
Da Gallach oder da Kolb hat quant geschallt un bardenallt.
Isch a mol Loowe im Kiesreibert ghawert, noo isch da Herrles und Moß in da Kowere geschnadert. Doo isch kitt zua gange. Joole, Giges, Blamb un a an Gfinkelda isch in da Grind boscht, daß se an Schwecher bestiebt hen, noo isch blattfußt worda.

Nach dem Leileschei isch da Buz in da Kowere boscht un hat alle Ulme ufgfaggelt un hat am Baizer diewert, dass er nooves me verkimmeln derf.
Kappisch sin da Ulme un Mossena schallend hom boscht un hen sich mit ihrem Schwecher in Fede zum doorma ghawert.

Am annern Schei isch Moss in Stinkert gschnadert, hat da Stripfling, Gronikel, Stiernikel, Lackabatscher un Trappert da Butterei scheppeln lassa.
Von da Stripfling hat Moß Gleis zottelt, isch in Guschschwärz boscht un uffam Funkert a Gleisboliftza mit Sprungert gsichert.
Nacham Schwärzschinnachel hat Moß da Herrels aus da Feede traddelt un zum butte diewert.
Nach da Butterei isch da Herrles mit am Kutschierling un da Trappert uff Schollegufferei kutschiert un hat gschinnechelt.
Da Galme hat Moß in Galmegusch draddelt un dann da Guschschinnachel pflanzt.
Da Schinnachel nach soo einer Schwecherei isch am anderen Schei nooves quant gwee.

Abb. 18 Originaltext Jenischdiewereer

Nachtrag zur Fallstudie in Spiegelberg

Deutsche Übersetzung des Jenisch-Textes:

Einen guten Tag ihr Frauen, Männer, Herren und Kinder.
Wir Pfedelbacher-Jenischsprecher wollen ihnen das Gespräch von früher, wie bei uns in Pfedelbach gesprochen und gelebt wurde.
Der Herr auf dem Rathaus war der Bürgermeister, der Priester und der ev. Pfarrer war in der Kirche, wo gebetet wird.
Schulmeister gehen in die Schule und schreiben mit den Lehrern.
Der Polizist ist der, der den schlechten Frauen und Männern hinterher geht und diese aufschreibt und ins Gefängnis gehen lässt.
Im Ort hat es Näherinnen, Schneider, Schumacher, Zimmermänner, Bäcker, Metzger, Bauern, Steinhauer, Maurer und Gipser gegeben.
Eine Menge Kneipenwirte waren in Pfedelbach. Die Herren und Frauen haben alle gearbeitet und sich das Geld verdient und das Essen herbei geschafft.
Gegessen und getrunken haben sie Kaffee mit Bauernbrot, zum Mittagessen eine Milchsuppe, Kartoffeln, Salat, Kraut und kaum viel Fleisch vom Schwein oder Rind gegessen.
Zum Feierabend hat es Käse gegeben mit Holzofenbrot, mal Eier, eine Wurst mit Rauchfleisch und zum Schluss haben sie einen Schnaps getrunken.
Die Frauen und Kinder haben einen Apfel- oder Zwetschgenschnaps und einen Kaffee mit Milch getrunken.
Getrunken haben die Herren ein Glas Most oder Wein. Die Kinder haben ein Glas Wein am Abend bekommen, da haben sie gut schlafen können.
Am Sonntag hat es einen Braten vom Schwein oder ein Huhn oder eine Ente mit Spätzle und Salat gegeben.
Am Sonntag ist der Mann mit der Frau und den Kindern in die Kirche zum beten gegangen. Der Pfarrer oder Priester hat gut gesungen und gebetet.
Ist einmal genügend Geld im Geldbeutel gewesen, dann ist der Herr mit der Frau

in die Wirtschaft gegangen. Da ist es gut zugegangen. Wein, Most, Bier und einen Schnaps ist da in den Bauch geflossen, dass sie einen Rausch bekommen haben, nun ist getanzt worden.
Nach dem Feierabend ist der Polizist in die Wirtschaft gekommen und hat alle Menschen aufgeschrieben und hat dem Wirt gesagt, dass er nicht mehr verkaufen darf.
Böse sind die Männer und Frauen lärmend heim gegangen und haben sich mit ihrem Rausch in das Bett zum schlafen gelegt. Am anderen Morgen ist die Frau in den Stall gegangen, hat die Kühe, Schweine, Hühner, Enten und Pferde das Futter gegeben.
Von den Kühen hat die Frau Milch genommen, ist in die Küche gegangen und hat auf dem Herd eine Milchsuppe mit Salz gekocht.
Nach der Küchenarbeit hat die Frau den Mann aus dem Bett geworfen und zum Essen gerufen.
Nach dem Essen ist der Mann mit seinem Fuhrwerk und den Pferden auf den Acker gefahren und hat gearbeitet.
Die Kinder hat die Frau in die Schule geschickt und dann die Hausarbeit gemacht.
Die Arbeit nach so einem Besäufnis ist am anderen Tag nicht gut gewesen.

Abb. 19 Originaltext Jenischdiewereer; deutsche Übersetzung

7.2.4 Schlussbemerkungen zum Pfedelbacher Jenisch

Das Referat von Herrn Klenk zeigte anschaulich, wie Menschen, die zuvor keine Heimat hatten, aufgrund religiöser Gegebenheiten plötzlich animiert wurden, in vorbestimmten Gegenden, hier Pfedelbach, sesshaft zu werden. Die Besiedlung von Pfedelbach mit ehemaligen Heimatlosen war auch deshalb leicht möglich, da hiervon ein großes Reservoir vorhanden war. Die Gründe der Heimatlosigkeit waren vielfältig: Für Wanderburschen gehörte die Wanderschaft zur Ausbildung. Daneben gab es eine Reihe von Scholaren (Schüler und Studenten), die sich auf der Landstraße durchschlagen mussten.[136] Vielen erschien das Leben in den Dörfern zu eingeengt, sie zogen deshalb in die Städte, um dort ihr Glück zu versuchen – was nicht allen gelang. Sie hatten ihr altes Zuhause verlassen, konnten aber kein neues finden. Ihre Heimat wurde die Straße.

So war es nicht verwunderlich, dass die Ansiedlungspolitik von Graf Bartenstein von großem Erfolg gekrönt war – bot sie doch einer ganzen Reihe von Obdachlosen ein neues Heim. Daß sich hierbei auch eine Reihe von Leuten mit nicht ganz einwandfreiem Leumund befand, war zwangsläufig. Sozialgeschichtlich ist von Bedeutung, dass durch den Zuzug der Jenischen in Pfedelbach neben neuen gesellschaftlichen und kulturellen Veränderungen fortan eine neue, zusätzliche Sprache, nämlich das *Jenisch*, gesprochen wurde.

Durch das unermüdliche Engagment von Herrn Klenk, dem Bürgermeister von Pfedelbach und einigen weiteren ehrenamtlichen Helfern ist es gelungen, die jenische Sprache – zumindest vorläufig – in Pfedelbach wiederzubeleben.

---

[136] Vgl. auch Robert Jütte (1988), S. 146-148.

8 Zusammenfassung über die Sprache der Klugen

Zu beweisen war, dass die Kluge Sprache ihr Attribut *klug* zu recht verdient.

Sicher ist nicht die Sprache selbst klug, sondern sie ist die Sprache der KLUGEN, der KENNER, der EINGEWEIHTEN. Dass sie sich nicht nur im verbalen Bereich artikuliert, sondern sich darüber hinaus im non-verbalen Gebrauch erst zu einer abgerundeten Kommunikationsmöglichkeit entwickelt, mögen vorstehende Kapitel dokumentiert haben.

Demnach ist Sprache mehr als nur ein einfaches Mitteilen, sie ist und bietet: [137]

- Die Befähigung, seine Gedanken zu verbergen
- Die menschliche Fähigkeit des Zeichengebrauchs
- Ein ständig in Entwicklung begriffenes Zeichensystem
- Charakteristischer Sprachbesitz eines Inidividuums
- Aussprache und Klangbild
- Ausdrucksfähigkeit
- Ein System von Zeichen für Begriffe und Gegenstände
- Ein System von Regeln
- Ein Medium der Kommunikation
- Eine Verständigungsbasis zum Informationsaustausch
- Ein Mittel zum Bilden und Festigen sozialer Strukturen
- Grundlage für das soziale Handeln
- Mission als Kulturträger

Die Frage stellt sich nun: Ist es gelungen, vorstehende Ansprüche/Aussagen durch empirische Recherche und anschließender etymologischer Auswertung zu festigen?

---

[137] Vgl. DWB (1984), Sp. 2719-2741 *Sprache*.
Vgl. Meyers (1897), Bd. 16, S. 260-264. *Sprache, Sprachwissenschaft*.
Vgl. Krünitz (1810), Bd. 159, S. 723-734 *Sprache* und Bd. 160, S. 1-18 *Sprache*.
Vgl. Zedler, (1731-1754): Großes vollständiges Universal-Lexicon aller Wissenschaften und Künste, 68 Bände, Digitalisat der Bayerischen Staatsbibliothek (BSB), Bd. 39, Sp. 399-417 *Sprache, Rede*.

Zusammenfassung über die Sprache der Klugen

Das *Hauptaugenmerk* dieser Arbeit fokussierte sich auf die Herkunftsbestimmung der in Spiegelberg vorgefundenen Wörter und Sprachelemente. Dieses Ziel wurde erreicht. Um jedoch dorthin zu gelangen, bedurfte es der Bildung eines sicheren Fundaments, auf dem sich die einzelnen Stufen weiterentwickeln konnten, um so schlüssige und richtige Eingangsprodukte für die Bestimmung der Herkunft zu finden.

In den vorangestellten Kapiteln wurden neben einer Reihe von Lösungen auch eine Reihe von Problemfeldern angesprochen, die nicht, nur teilweise oder lediglich unzureichend gelöst werden konnten. Beginnend bei der Einordnung der Begriffe *Kochemer Loschen – Rotwelsch – Jiddisch – Jenisch*, der *Dialektsprache* selbst usw. wurde zwar versucht, eine klare, logisch richtige und verständige Rang- bzw. Nebenordnung aufzuzeigen, jedoch lässt die einschlägige Literatur (vgl. Literaturverzeichnis) sowie die Meinung von Zeitzeugen eine historisch-wissenschaftlich fundierte verbindliche Darstellung nicht zu. Außerdem sind bei der Erforschung der Etymologie einige wenige Lücken vorhanden, die nur spekulativ geschlossen hätten werden können. Wie auch schon im ersten Abschnitt *Einführung und Begriffserklärungen* mehrfach festgestellt wurde, bedarf es zur endgültigen Bewertung dieses Komplexes noch einiger Forschungsarbeit.

Es ist ersichtlich, dass, beginnend bei der Auswahl der möglichen Gesprächspartner, ein maximales Ziel an Authentizität verfolgt wurde. Hierbei wurde besonders Wert gelegt auf Vertrauenswürdigkeit der Teilnehmer, deren Beziehungen zueinander (*Beziehungsstruktur*) sowie das Bemühen, für genannte Wörter möglichst eine Bestätigung durch mehrere Teilnehmer zu erhalten. Wichtig war auch die Art der Befragung – vermieden wurden vor allem Suggestivfragen. Eigens entwickelte *Erhebungsformulare* erleichterten die Befragung wesentlich. Die Mehrzahl der Antworten wurde im freien Gespräch gewonnen.

Schon zu Beginn der Befragung wurde deutlich, dass neben der eigentlichen Aufgabenstellung zur Ermittlung von Sprachelementen des Wanderhandels (gemeint waren

Zusammenfassung über die Sprache der Klugen

in erster Linie *Rotwelsch-Wörter*) eine Reihe von Wörtern genannt wurden, die unzweifelhaft nicht der Sondersprache, sondern dem in der Gegend gebräuchlichen *Dialekt* zuzuordnen waren. Da jedoch auch der Dialekt gegenüber Fremden eine Reihe von Funktionen der Sondersprachen beinhaltet (z. B. Abschottung, Abgrenzung, bewusste Unverständlichkeit, Verschlüsselung von Botschaften usw.), wurde eine separate Gruppe für unmittelbar erkennbare Dialekt-Wörter eingefügt. Die Sondersprachen-Elemente wurden zum einen durch Wiedererkennen vorgelegter *Rotwelsch-Wörter* und zum anderen durch vom Gesprächspartner genannte Merkmale ermittelt. Die vorläufige Aufteilung in Dialekt und Rotwelsch im Zuge der Ermittlung wurde im Bereich der Etymologie richtiggestellt.

Großer Wert wurde auf die Angaben der Quellen (Informanten) gelegt. Diese wurden aufgrund des Datenschutzes verschlüsselt in den Ergebnissen dargestellt. Eine Rückverfolgung zu den Namen der Informanten ist jederzeit möglich.

Insgesamt konnten 102 *Dialektwörter*, 136 *frei* durch die Befragten *genannte Rotwelschwörter* und 142 *wiedererkannte Rotwelschwörter* ermittelt und dargestellt werden. Die Anzahl der vorgelegten und *nicht erkannten* Rotwelsch-Wörter war nicht relevant. Die Ermittlung ergab demnach insgesamt 380 gefundene *Dialekt-* und *Rotwelsch-Wörter* – weit mehr, als alle Beteiligten zuvor erwartet hatten. Die Untersuchung hätte nach Meinung vieler Befragten früher stattfinden sollen – die Ausbeute wäre noch größer gewesen. So sind zwischen der Untersuchung im Jahr 2000/01 und dem Jahr 2015 einige der Informanten verstorben, sodass eine heutige Untersuchung entscheidend weniger Ergebnisse gezeigt hätte.

Hervorzuheben ist, dass die Viehhändler bei Kenntnissen über die Rotwelsch-Sprachelemente dominierten. Obwohl sie selbst in der Regel nicht hebräisch sprachen (ausgenommen die jüdischen Viehhändler), unterhielten sie sich ausnahmslos mit angelernten Hebräismen, um nicht verstanden zu werden.[138] Die herausragende

---

[138] Dies wurde in einem Gespräch mit einem Vieh- und Pferdehändler aus Riedlingen am

Zusammenfassung über die Sprache der Klugen

Bedeutung der Viehhändler wurde entsprechend gewürdigt. Redewendungen im Vieh- und Pferdehandel und das hebräische Zahlensystem sind in den Ausführungen über die Viehhändler enthalten.

Gerade bei den Viehhändlern besaßen die *non-verbalen* Sprachelemente einen hohen Stellenwert. Die „Präparierung" des Viehs vor den Verkaufsgesprächen wurde in den *Viehhändlerkniffen* beschrieben. Diese Tricks trugen einerseits zum großen Erfolg beim Handeln bei, begründeten jedoch andererseits – nicht ganz zu unrecht – den doch recht zweifelhaften Ruf des unsoliden Händlers.

Ein Schwerpunkt der Arbeit lag auf der **Etymologie** der *Dialekt-* und *Rotwelschwörter*. Durch Verschiebungen zwischen beiden Kategorien, dem Zusammenfassen einiger Worte und der Trennung anderer standen insgesamt 102 *Dialektwörter* und 235 *Rotwelschwörter* zur Herkunftsbestimmung an.

Bei den *Dialektwörtern* konnten weitgehend alle herkunftsmäßig bestimmt werden, wobei der größte Anteil auf Wörter mit hohenloher-schwäbischer Herkunft sowie auf das restliche Württemberg entfiel. Einem kleinen Teil konnte keltische, französische und lateinische Herkunft nachgewiesen werden.

Die ursprüngliche Absicht, jiddische oder hebräische Sprachelemente nach der YIVO-Norm zu transkribieren, wurde aufgrund möglicher Fehlinterpretationen nicht durchgeführt.

Die Hälfte der ermittelten Herkunft der *Rotwelsch-Wörter* entfällt auf *hebräisch-jiddische* Quellen, wobei diese teilweise auch in das *Jenische* übernommen worden sind. Gering war der Anteil mit *slawischer* Herkunft; ein kleiner Rest teilt sich auf in *Arabisch, Lateinisch, Französich* und *Zigeunerisch*. Einige Wörter konnten nicht eindeutig zugeordnet werden, wobei sie entweder nicht aufzufinden (unbekannte Schreibweise?) oder die Erklärungen als nicht ausreichend anzusehen waren.

15.09.2005 noch einmal ausdrücklich bestätigt.

Zusammenfassung über die Sprache der Klugen

Die in verschiedenen Zeitungen veröffentlichten ermittelten Wörter in Spiegelberg erzeugten bemerkenswerte Resonanz. Zum großen Teil wurden die Ergebnisse bestätigt – dies bedeutet, dass auch in anderen Regionen um Spiegelberg herum, teilweise bis nach Oberschwaben, die Sondersprachen des Wanderhandels und die Gepflogenheiten der Händler bekannt und geläufig waren.

Durch den entstandenen Kontakt zu einem Bürger aus Pfedelbach, der das *Jenische* ausgezeichnet beherrscht, konnte zur Abrundung des Themas der Sondersprachen des Wanderhandels Einblick in die Geschichte und augenblickliche Situation der „Jenischdiewereer" – der „Jenischsprechenden" in Pfedelbach gewonnen werden. Dies ist als Bestätigung und Ergänzung zu bereits bestehenden wissenschaftlichen Untersuchungen zu verstehen.[139]

Den Schlusspunkt der Jenisch-Ausführungen bildet ein Originalschreiben mit deutscher Übersetzung, in dem das Leben früherer Zeiten folkloristisch geschildert wird.

Es gibt eine Reihe von wissenschaftlichen Untersuchungen und Dokumentationen über die Sondersprachen des Wanderhandels in der Region und weiteren Umgebung (Pfedelbach, Öhringen, Leinzell, Lützenhardt, Bopfingen, Hechingen usw.). Einige davon wurden in dieser Arbeit erwähnt. Der Verfasser dieser Arbeit ist sich sicher, dass sich nun auch Spiegelberg in den Löwensteiner Bergen zu den sondersprachlich erforschten Gebieten zählen darf. Es bleibt zu hoffen, dass sich die Spiegelberger selbst ihrer sprachlichen Vergangenheit stellen und – vergleichbar Pfedelbach, Leinzell u. a. – versuchen werden, dieses traditionelle Gedankengut, so weit wie möglich, zu erhalten und weiterzupflegen.

Der **KOCHEMER LOSCHEN**, die **SPRACHE DER KLUGEN**, ist mit geschichtlich angereichertem Wissen und bewusstem Engagement besser oder überhaupt erst zu verstehen.

---

[139] Z. B. von Klaus Siewert (1997).

9 Literaturverzeichnis

9.1 Ungedruckte Quellen

9.1.1 Landesarchiv Baden-Württemberg

Abteilung Hauptstaatsarchiv Stuttgart/HStAS

A-Bestände/Altwürttembergisches Archiv

Gruppe	Bezeichnung
A 8	Kabinett Herzog Carl Eugen Bü. 348 Herzogliche Reskripte an den Geheimen Rat; Jahrgang 1789; Qu./fol. 1 bis 300.
A 248	Württembergische Archivinventare. Erstes Heft: Das württembergische Finanzarchiv. Die Aktensammlung der herzogl. Rentkammer; A. Generalakten 1501-1806 23) Kommerzien, Fabriken und Manufakturen - Glas und Porzellan
A 282	Verschlossene Registratur 1539-1806; Altwürttembergischer Kirchenrat Generalakten 1699-1793; Nebenrubriken 9. Fabriken und Manufakturen
A 498	Kloster Lichtenstern; Die Glashütte an der Lauter, die Fabrik Spiegelberg betreffend (1719-1798); Manufakturen und Fabriken

9.1.2 Privatarchive

Marianne Hasenmayer, Gerstenberg 15, D-71579 Spiegelberg: Bilddokumente, Glasmuster

Werner Loibl, Hubertusstr. 100, D-82131 Gauting; Werner Loibl verfasste Dokumentationen über eine Reihe von Glasmanufakturen

9.2 Gedruckte Quellen

9.2.1 Literatur

ANONYMUS (1963): Deutsch-Slowakisches und Slowakisch-Deutsches Taschenwörterbuch, Slowakischer Pädagogischer Verlag, Bratislava 1963.

ANONYMUS (ca. 1870): Mathematische Viehwaage für jeden Viehhalter; Kniffe beim Handel von Vieh bzw. Pferden/Viehsachkunde, Gesetzeskunde Gesetzeskunde.\f „s" Jeder Viehhalter wird aufgeklärt und vor Schaden bewahrt; Er-

Literaturverzeichnis

scheinungsdatum lt. Gewährsmann ca. 1870; Verleger R. Neusiedl, Augsburg X, Blücherstraße 86, Verlag Buch- und Steindruckerei, Frz. X. Schroff, Augsburg ca. 1870.

ARNOLD, HERMANN (1975): Randgruppen des Zigeunervolkes, Neudstadt (Weinstr.) 1975.

AVÉ-LALLEMANT, FRIEDRICH CHRISTIAN BENEDICT (1998): Das deutsche Gaunerthum in seiner social-politischen, literarischen und linguistischen Ausbildung zu seinem heutigen Bestande, 4 Bände, Leipzig 1858-62, (Nachdruck in 2 Bänden) Wiesbaden 1998.

BARTH, CHRISTIAN GOTTLOB (1848): Johann Schmidgall´s Jugendjahre, in: Erzählungen für Christenkinder, Stuttgart 1848.

BAUR, GERHARD W. (2002): Bibliographie zur Mundartforschung in Baden-Württemberg, Vorarlberg und Liechtenstein, Tübingen 2002.

BERGEMANN, JÖRG (2012): Das Schlossberger Jenisch, Studien zu Überlieferungslage und zum Wortschatz, Hamburg-Münster 2012.

BROCKHAUS, FRIEDRICH ARNOLD (1885): Conversations Lexikon, Dreizehnte vollständig umgearbeitete Auflage, Band 1 – 17; Leipzig 1885.

DUDEN Bd. 6 (1981): Das große Wörterbuch der deutschen Sprache, 6 Bände, Mannheim, Wien, Zürich 1981.

DUDEN Bd. 7 (1989): Etymologie der deutschen Sprache, 2. Auflage, Mannheim, Wien, Zürich 1989.

DUDEN Bd. 10 (2002): Das Bedeutungswörterbuch. Mannheim, Leipzig, Wien, Zürich 2002.

DUDEN Bd. 24 (1992): Jiddisches Wörterbuch, Mannheim, Leipzig, Wien, Zürich 1992.

EFING, CHRISTIAN (2004): Jenisch unter Schaustellern, Wiesbaden 2004.

EFING, CHRISTIAN (2005): Das Lützenhardter Jenisch, Studien zu einer deutschen Sondersprache, Wiesbaden 2005.

Literaturverzeichnis

FEUERABEND, ULRIKE (2002): Heimatbuch Leinzell, Herausgeber Gemeinde Leinzell, Schwäbisch Gmünd 2002 (2002): Heimatbuch Leinzell, Herausgeber Gemeinde Leinzell, Schwäbisch Gmünd 2002.

HERTEL, LUDWIG (1966): Thüringer Sprachschatz, Neudruck der Ausgabe von 1895, Wiesbaden 1966.

HLAUSCHKA-STEFFE, BARBARA (1982): Schöner Schwäbischer Wald, Schwäbisch Gmünd 1982.

JÜTTE, ROBERT (1978): Sprachsoziologische und lexikologische Untersuchungen zu einer Sondersprache: Die Sensenhändler im Hochsauerland und Reste ihrer Geheimsprache (Zeitschrift für Dialektologie und Linguistik, Beihefte, N.F., Bd.25) Wiesbaden 1978.

JÜTTE, ROBERT (1988): Abbild und soziale Wirklichkeit des Bettler- und Gaunertums zu Beginn der Neuzeit: sozial-, menatlitäts- und sprachgeschichtliche Studien zum Liber Vagatorum (1510), Köln, Wien 1988 (Beihefte zum Archiv für Kulturgeschichte, Heft 27.

KLEPSCH, ALFRED (1996/1999): Das Lachoudische. Eine jiddische Sondersprache in Franken; in Rotwelsch-Dialekte. Symposium Münster 10.- 12. März 1995, herausgegeben von Klaus Siewert (SSF 4), Wiesbaden 1996, und „Aspekte und Ergebnisse der Sondersprachenforschung" – II. Internationales Symposium 28.-31. Mai 1997 in Brüssel , Herausgeber Klaus Siewert und Thorsten Weiland, Harrassowitz Verlag, Wiesbaden, 1999.

KLUGE, FRIEDRICH (1987): Rotwelsch, Quellen und Wortschatz der Gauner sprache, Band 1, Straßburg 1901, Photomechanischer Nachdruck Walter de Gruyter, Berlin, New York 1987.

KLUGE, FRIEDRICH (1915): Etymologisches Wörterbuch der deutschen Sprache, Straßburg 1915.

KLUGE, FRIEDRICH (1963): Etymologisches Wörterbuch der deutschen Sprache, 19. Auflage, Berlin1963.

KLUGE, FRIEDRICH (2002): Etymologisches Wörterbuch der deutschen Sprache, 24. Auflage, Berlin/New York 2002.

KRINGS, HERMANN u. a. (1974): Handbuch philosophischer Grundbegriffe, Band 5, München 1974.

Literaturverzeichnis

KRÜNITZ, JOHANN GEORG (1773-1858): Oeconomische Encyclopädie, 242 Bände, elektronische Ausgabe der Universitätsbibliothek Trier http://www.kruenitz.uni-trier.de/.

LAD-BW (1980): Landesarchivdirektion Baden-Württemberg: Das Land Baden-Württemberg, Amtliche Beschreibung nach Kreisen und Gemeinden, 8 Bände, Band III und IV, Stuttgart 1978/1980.

LAVY, JAACOV: Langenscheidts Handwörterbuch Deutsch – Hebräisch, Langenscheidt, Berlin, München 1980.

LERCH, HANS-GÜNTER (1976): "Tschü lowi..." Das Manische in Gießen. Die Geheimsprache einer gesellschaftlichen Randgruppe, ihre Geschichte und soziologischen Hintergründe, Frankfurt am Main 1976.

LOIBL, WERNER (1984): Die kurmainzische Spiegelmanufaktur Lohr am Main in der Zeit Kurfürst Lothar Franz von Schönborns (1698-1729) in: Glück und Glas – Zur Kulturgeschichte des Spessartglases, München 1984.

MAILLY, ANTON VON (1923): Allerlei Merkwürdigkeiten vom Wiener Stephansdom, Wien 1923.

MEYERS (1897): Meyers Konversations-Lexikon, Bibliographisches Institut, 17 Bände, Fünfte Auflage, Leipzig und Wien 1897.

MIDDELBERG, JUTTA (2001) Romanismen in deutschen Rotwelsch-Dialekten, Sondersprachenforschung, Wiesbaden 2001.

MITZKA, WALTHER (1955): Trübner's Deutsches Wörterbuch, Band 1 bis 18, Walter de Gruyter & Co, Berlin W 35, 1955.

PFEIFER, WOLFGANG (1989): Etymologisches Wörterbuch des Deutschen, 6 Bände, Akademie-Verlag, Berlin 1989.

ROHRBACHER, STEFAN und SCHMIDT, MICHAEL (1998): Judenbilder, Reinbeck 1998.

SCHAMBACH, GEORG (1858): Wörterbuch der niederdeutschen Mundart der Fürstenhäuser Göttingen und Grubenhagen oder Göttingisch-Grubenhagensches Idiotikon, Wiesbaden, Dr. Martin Sändig OHG, Neudruck der Ausgabe Hannover 1858 unter Beifügung eines Nachtrages.

SCHÖNLEBER, CARL (1931): Weinsberger Tal, Mainhardter Wald,

Literaturverzeichnis

Hohenlohesche Buchhandlung Ferdinand Rau, Öhringen 1931.

SHWB (1986): Schwäbisches Handwörterbuch, auf der Grundlage des Schwäbischen Wörterbuches, 1. Auflage, Bearb. J C. B. Mohr, Paul Siebeck/ Tübingen 1986.

SIEWERT, KLAUS (1996): Rotwelsch-Dialekte, Sondersprachenforschung 1, Symposium Münster 10. bis 12. März 1995, Wiesbaden 1996.

SIEWERT, KLAUS (1997): Das Pfedelbacher Jenisch; mit einem Glossar aus den schriftlichen Quellen; in der Zeitschrift für Dialektologie und Linguistik, Bd. 64, Stuttgart 1997.

SIEWERT, KLAUS (1999): Aspekte und Ergebnisse der Sondersprachenforschung, II. Internationales Symposium, 28. bis 31. Mai 1997 in Brüssel (Sondersprachenforschung, Bd. 4), Wiesbaden 1999.

SWB (1904-1924): Schwäbisches Wörterbuch, Band 1 bis 6, Ausgaben zwi schen 1904 und 1924 u. Nachtrag Band 7, Bearb. Hermann Fischer, Tübingen 1904 bis 1936.

TRAIN, VON J. K. (1833): Chochemer Loschen. Wörterbuch der Diebs- vulgo Jenischen Sprache, nach Criminilalacten und der vorzüglichen Hilfsquellen für Justiz-, Polizei- und Mautbeamte, Candidaten der Rechte, Gendarmerie, Landgerichtsdiener und Gemeindevortsteher, Meißen 1833.

THEILACKER, MANFRED (2002/2003): Lebensqualität als Funktion aus Körper und Geist – Abhandlung über Leib und Seele nach medizinischem Eingriff; erschienen in drei Folgen der Lebenslinien der Selbsthilfe Lebertransplantierter Deutschland e. V., Brühl/Tübingen 2002/2003.

THEILACKER, MANFRED (2005): Der Kochemer Loschen – Die Kluge Sprache, zur Sozialgeschichte einer Sondersprache des Wanderhandels der Hausierer, Bettler und Viehhändler; aufgezeigt am Beispiel einer Feldstudie in Spiegelberg (Württemberg); Zulassungsarbeit; WLB- Signatur: 55a/3035, 2005.

THEILACKER, MANFRED, E. (2015): Kulturgut *Glas und Spiegel*. Wirtschafts- und Sozialgeschichte der Spiegelfabrik Spiegelberg (Württ.). Ein Regiebetrieb des Herzoglichen Kirchenrats; Ostfildern 2015.

VEREIN RIESER KULTURTAGE e. V. (1994): Rieser Kulturtage. Eine Landschaft stellt sich vor. Dokumentation; Band 10, Verlag des Vereins Rieser Kulturtage, 1994.

WALTER, HEINZ E. (2000): Die weiten Wege der Jenischen. Die abenteuerliche Sprache der Landstraße. Offenau 2000.

WALTER, HEINZ E. (2000): Die Herkunft der Jenischen in Pfedelbach (Heuberg), Münster 2000.

WEINREICH, URIEL (1968): Modern English : Yiddis(c)h : English Dictionary, Yivo Institute for Jewish Research. McCraw Hill Book Company, New York 1968.

WEINREICH, URIEL (1977): Modern English : Yiddis(c)h : English Dictionary, Yivo Institute for Jewish Research. First Schocken edition published in New York 1977.

WEXLER, PAUL (2002): Two-Tiered Relexification in Yiddish: Jews, Sorbs, Khazars, and the Kiev-Polessian Dialect. Berlin: Mouton de Gruyter 2002.

WINDOLF, WOLFRAM (1998): Nerother Jenisch, schriftliche Quellen und Glossar, Wiesbaden 1998.

WINKLE, STEfAN (1997): Geisseln der Menschheit, Kulturgeschichte der Seuchen, Düsseldorf/Zürich 1997.

WOLF, SIEGMUND A. (1956): Wörterbuch des Rotwelschen, Deutsche Gaunersprache, Mannheim 1956.

ZEDLER, JOHANN HEINRICH (1731-1754): Großes vollständiges Universal-Lexicon aller Wissenschaften und Künste, 68 Bände, Digitalisat der Bayerischen Staatsbibliothek (BSB) http://www.zedler-lexikon.de.

9.2.2 Weitere Nachschlagewerke

Zeitungen, Zeitschriften, Gemeinde-Mitteilungsblätter, Vereinsveröffentlichungen, Jahresarbeiten, Sonderdrucke, Karten

ANONYMUS (2002): Nachrichten der Gemeinde Schwieberdingen vom 25.04.2002: Ankündigung eines vom Verfasser am 28.04.2002 zu haltenden Referats über das Thema Rotwelsch beim ökumenischen Seniorennachmittag der ev. und kath. Kirchengemeinden in Schwieberdingen.

ANONYMUS (2002): Nachrichten für die Gemeinde Schwieberdingen vom 16.05.2002: Bericht über den Vortrag des Verfassers über Rotwelsch beim

Literaturverzeichnis

ökumenischen Seniorennachmittag der ev. und kath. Kirchengemeinden in Schwieberdingen.

BRUNNER H. u. SIMON, T. (2000): Geologische Karte von Baden-Württemberg 150000, Naturpark Schwäbisch-Fränkischer Wald, 1. Aufl., 25 Abb.

HOFFMANN, SABINE (2001): Spiegel online – Von Gittermäusen, Schnittlauch und Lachplatten, Knastlexikon vom 10.10.2001.

LAUXMANN, RICHARD (1909): Die Räuberbande auf dem Mainhardter Wald 1760-1773. Erschienen in Unterhaltungsblatt der Neckarzeitung Heilbronn, Nr. 1-2, 1909. Sonderdruck (masch.) 19 Seiten, WLB-Signatur w. G. qt 358-7.

RÜCKERT, PETER (2001): Archivnachrichten, Landesarchivdirektion Baden-Württemberg (Hrsg), Nr. 23. Die Archivale des Monats im Hauptstaatsarchiv Stuttgart, S. 3-4, Stuttgart 2001.

SPEIDEL, MAX (1925): Heft „Bilder vom Walde", Mainhardter, Murrhardter Wald, gewidmet dem Waldheim Wüstenrot, Heilbronn 1925.

TSCHEPE, MARTIN (2016): Blick in den Spiegel der Geschichte; Stuttgarter Zeitung vom 27. Januar 2016, Nr. 21 Regionalteil Rems-Murr-Kreis; Vorstellung des Autors Manfred E. Theilacker über seine Arbeit „Kulturgut Glas und Spiegel, Wirtschafts- und Sozialgeschichte der Spiegelfabrik Spiegelberg, ein Regiebetrieb des Herzoglichen Kirchenrats."

THEILACKER, MANFRED (2002): Die Suß is ä Stußer und makeiernt, Beitrag in der Backnanger Kreiszeigung vom 12. April 2002, Sonderbeilage in „Unsere Heimat"; Wiedergabe eines Teils der Fallstudie, ergänzt um Gaunerzinken.

THEILACKER, MANFRED (2001): Rotwelsch, Sondersprache des Wanderhandels, Fallstudie in Spiegelberg, Nachrichtenblatt Spiegelberg vom 18.10./25.10./31.10.2001; Bericht über die Spiegelberger Fallstudie in 3 aufeinanderfolgenden Ausgaben.

SCHWARZ, THOMAS XE "Schwarz, Thomas" \f "p" (2001): Dem Rotwelsch in Spiegelberg auf der Spur. Bericht in der Stuttgarter Zeitung, Ausgaben vom 6.2.2001 und 12.2.2001, über die Rotwelschstudie, durchgeführt von Manfred E. Theilacker, in Spiegelberg.

SCHWARZ, THOMAS XE "Schwarz, Thomas" \f "p" (2008): Spiegel sind in Spiegelberg nicht nur Ansichtssache. Abhandlung in der Stuttgarter Zeitung vom 14.8.2008, Nr. 189, S. 28.

Literaturverzeichnis

SZUTTOR, ROBIN (2004): Bericht vom Spiegelberger Teilort Jux, Juxer Wetzsteinstollen Stuttgarter Zeitung vom 15. November 2004.

9.2.3 Internetseiten

Internetseite	Inhalt/Zweck	Zugriff am
http://ursulahomann.de/HatDasJiddische NochNichtSeinLetztesWortGesprochen/kap007.html	Der ostjüdische Humor ist nach Amerika ausgewandert	6.1.2016
http://wiki.muenster.org/index.php/Masematte	Masematte	7.1.2016
http://www.afz.ethz.ch/handbuch/nara/naraUSAYivo.htm	Yivo	6.1.2016
http://www.etymologie.info/~e/d_/de-rotwel.html	Etymologie Rotwelsch	7.1.2016
http://www.focus.de/wissen/mensch/tid-17900/erich-von-daeniken-warten-auf-den-goetterschock_aid_498458.html	Erich von Däniken	25.1.2016
http://www.giessener-zei-tung.de/heuchelheim/beitrag/41293/Manische-sprache-was-ist-das/	Giessener Manisch	6.1.2015
http://www.grin.com/de/e-book/92864/rotwelsch-die-geheime-sprache-sozialer-aussenseiter	Rotwelsch	6.1.2015
http://www.hfjs.eu/hochschule/dozenten/professoren/gruschka.html	Jiddische Identität in Berlin	7.1.2016
http://www.hum.au.dk/engelsk/engsv/alefbeys.htm	Das jiddische Alphabet	7.1.2016
http://www.juedische-allgemeine.de/article/view/id/13488	Liber Vagatorum	6.1.2015
http://www.juedische-allgemeine.de/article/view/id/737	Aktivitäten des Allgemeinen Jüdischen Arbeiterbundes in Deutschland.	21.2.2016
http://www.kruenitz.uni-trier.de/	Oekonomische Encyclopädie, 242 Bände, elektronische Ausgabe der Universitätsbibliothek Trier	19.6.2016
http://www.kuebler-clan.eu/Jenische%20Sprache.htm	Jenisch	6.1.2015

Literaturverzeichnis

http://www.navigator-allgemeinwissen.de/die-wichtigsten-fragen-und-antworten-zur-weltgeschichte/wissenswertes-zum-mittelalter/reisen-herbergen-und-badehaeuser/1802-wie-und-wo-lebten-die-scholaren.html	Scholaren; Schüler und Studenten	19.1.2016
http://www.pfedelbach.de/geschichte.html	Geschichte von Pfedelbach	18.1.2016
http://www.schulphysik.de/mathe/brust/brust.htm	Viehwaage	31.1.2015
http://www.stern.de/panorama/stern-crime/30-jahre-hitler-tagebuecher-henri-nannen-und-der-gau-3210340.html	Hitler-Tagebücher	7.1.2016
http://www.toeddenland-radweg.de/de/die-tödden/wer-sie-waren.html	Geheime Handelssprache der Tödden (Bargunsch)	3.2.2016
http://www.zedler-lexikon.de.	Zedler Universallexikon Digitalisat der Bayerischen Staatsbibliothek (BSB)	19.6.2016
http://wwws.phil.uni-passau.de/histhw/TutKrypto/tutorien/argot.htm	Argot	6.1.2015
https://de.wiktionary.org/wiki/Kundensprache	Kundensprache	6.1.2015

10 Register

10.1 Personen

Arnold, Hermann 23, 165
Avé-Lallemant, Friedrich Christian Benedict 25, 32, 142, 165
Bartenstein, Ferdinand zu (Graf) 152, 153, 158
Barth, Christian Gottlob 100, 165
Baur, Gerhard W. 99, 165
Bergemann, Jörg 59, 108, 109, 149
Brenner-Wilczek, Sabine 12
Carl Eugen (Herzog) 88, 164
Clemens, Justus Friderich 88
Däniken, Erich von 171
Demand, Karl E. 92
Dror, Rachel 105, 106, 107, 108, 109, 110, 111, 112, 113, 114, 115, 116, 117, 118, 119, 120, 121, 122, 123, 124, 125, 126, 127, 128, 129, 130, 131, 132, 133, 134, 135, 136, 137, 138, 139, 140
Efing, Christian 23, 27, 29, 36, 45, 107, 109, 114, 118, 119, 120, 121, 123, 124, 125, 126, 128, 132, 135, 136, 137, 138, 139, 140, 149, 165
Feuerabend, Ulrike 22, 166
Grimm, Gebrüder 12, 21
Gross, Christoph 92
Gruschka, Roland 26
Hasenmayer, Marianne 15, 42
Hertel, Ludwig 133, 166
Hlauschka-Steffe, Barbara 100, 166
Hütlin, Matthias 21, 26
Jütte, Robert 15, 23, 25, 28, 30, 32, 35, 36, 45, 74, 100, 101, 106, 107, 108, 109, 110, 111, 112, 113, 114, 115, 116, 117, 118, 119, 120, 121, 122, 123, 124, 125, 126, 127, 128, 129, 130, 131, 132, 133, 134, 135, 136, 137, 138, 139, 140, 142, 143, 158, 166
Klaper, Elisabeth 40
Klenk, Ewald 149, 155, 158
Klepsch, Alfred 46, 166
Kluge, Friedrich 18, 62, 92, 94, 107, 108, 113, 115, 116, 117, 118, 122, 123, 124, 125, 130, 131, 133, 134, 135, 137, 138, 166, 168
Kollmer-von Oheimb-Loup, Gert 15
Kress, Martha 36
Krings, Hermann 166
Krünitz, Johann Georg 61, 90, 159, 167
Lauxmann, Richard 45, 170
Lavy, Jaacov 106, 107, 108, 109, 110, 111, 112, 113, 114, 115, 116, 117, 118, 119, 120, 121, 122, 123, 124, 125, 126, 127, 128, 129, 130, 131, 132, 133, 134, 135, 136, 137, 138, 139, 140, 141, 167
Lerch, Hans-Günter 106, 108, 109, 110, 113, 114, 115, 116, 118, 119, 120, 121, 122, 124, 126, 127, 128, 129, 131, 132, 133, 135, 136, 137, 138, 139, 167
Loibl, Werner (Historiker) 41, 164, 167
Lothar Franz von Schönborn (Kurfürst von Mainz) 41, 167
Ludwig Gottfried (Graf) 152, 153
Luther, Martin 21
Maier, Robert 146
Mailly, Anton von 167
Middelberg, Jutta 29, 167
Mitzka, Walther 96, 98, 167

Neumeister, Caspar 45
Pfeifer, Wolfgang 133, 167
Quarthal, Franz 15, 35
Rohrbacher, Stefan u. Schmidt, Michael 92, 167
Rückert, Peter 46, 170
Schambach, Georg 112
Schönleber, Carl 88, 89, 90, 91, 95, 96, 97, 100, 167
Schunk, Margret 145
Schwarz, Thomas 22
Siewert, Klaus 18, 23, 36, 46, 151, 163, 166, 168
Speidel, Max 100
Theilacker, Manfred E. 17, 18, 35, 40, 44, 46, 168, 170
Train, J. K. von 24, 168
Tschepe, Martin 40, 170
Vatter, Arnold 106
Walter, Heinz E. 149, 153

Weiland, Thorsten 46, 166
Weinreich, Uriel 24, 105, 106, 108, 109, 112, 113, 115, 116, 124, 141, 169
Wexler, Paul 26, 169
Windolph Wolfram 149
Winkle, Stefan 169
Wolf, Siegmund A. 27, 97, 98, 106, 107, 108, 109, 110, 111, 112, 113, 114, 115, 116, 117, 118, 120, 121, 122, 123, 124, 125, 126, 127, 128, 129, 130, 131, 132, 133, 134, 135, 136, 137, 138, 139, 140, 141, 169
Wurmser, Netanel 105, 112, 114, 115, 116, 118, 121, 123, 125, 126, 127, 128, 129, 130, 131, 132, 133, 134, 135, 136, 140
Zedler, Johann Heinrich 159, 169

10.2 Orte, Landschaften

Allgäu 87, 89, 95, 96, 97, 99
Alsfeld-Lingelbach 22
Altlautern 43
Amerika 26, 171
Backnang 19, 40, 147, 148, 149, 151
Baden-Württemberg BaWü 11, 52
Bessarabien 147
Bopfingen/Schlossberg/Flochberg 59, 119, 122, 163
Bosnien 26
Bulgarien 43
Crailsheim 94, 113, 130
Dauernberg 43
Deutschland 26, 27, 44, 87, 88, 91, 97, 99, 168, 171
Düsseldorf 169
Eislingen 105
Ellwangen 94
England 26

Espig (bei Pfedelbach) 153
Franken 17, 46, 97, 99, 166
Gärtringen 52
Griet (bei Pfedelbach) 153
Hamburg 44, 59
Hechingen 163
Heilbronn 19, 42, 45, 88, 99, 100, 170
Hessen 22
Heuberg (heute Ostalbkreis) 152, 153, 154
Hochsauerland 23, 36, 166
Hohenlohe 17, 87, 88, 89, 90, 91, 92, 93, 94, 95, 96, 97, 98, 99, 109, 113, 116, 117, 132, 133, 140, 152
Hohenlohe-Bartenstein 152
Hohenlohe-Franken 87, 98
Hohenlohe-Schillingsfürst 152
Hohenlohe-Schwaben 87, 98

Register

Jux 17, 40, 42, 59, 91, 92, 171
Killertal 46
Kurzach 43
Laupheim 146
Lauter (Fluss in den Löwensteiner Bergen) 18, 164
Lautertal (Lautertal in den Löwensteiner Bergen) 17
Leinzell 22, 143, 147, 163, 166
Leipzig 21, 25, 165, 167
Lichtenstern (Ortsteil von Löwenstein) 164
Liechtenstein 99
Lohr am Main 41, 167
Löwensteiner Berge 17, 18, 40, 41, 44, 163
Lützenhardt 163
Main 41, 167
Mainhardter Wald 45, 88, 89, 90, 91, 95, 96, 97, 147, 153, 167, 170
Mannheim 93
Marbach (Neckar) 19, 92
Matzenbach 113, 130
Münster 22, 46, 59, 145, 166
Murrhardt 40
Nassach 43, 57
Neudstadt (Weinstr.) 23
Neulautern (Ortsteil von Wüstenrot) 17, 42, 43, 90, 117
New York 18, 104, 166, 169
Nordwürttemberg 29, 88, 89, 95, 96, 97, 99
Oberschwaben 87, 88, 89, 94, 96, 97, 99, 163
Oberstenfeld 147
Obersulm 40
Öhringen 17, 88, 91, 93, 111, 114, 115, 117, 118, 134, 145, 163, 168
Österreich 153
Pfedelbach 20, 93, 106, 109, 111, 114, 115, 117, 118, 125, 134, 139, 145, 149, 151, 152, 153, 154, 155, 158, 163, 172
Posen 26
Preußen 153
Rems-Murr-Kreis 40, 147, 149, 170
Riedlingen 146, 161
Rumänien 26, 43
Russland 26
Schwaben 98
Schwäbisch Gmünd 22, 100, 147, 166
Schwäbisch-Fränkischer Wald 15, 18, 100, 170
Schweden 153
Schwieberdingen 145
Serbien 26
Slowakische Länder 43
Spiegelberg 15, 17, 18, 19, 22, 35, 36, 37, 39, 40, 41, 42, 43, 45, 46, 49, 50, 52, 53, 57, 67, 74, 75, 86, 87, 91, 99, 100, 140, 142, 143, 145, 147, 148, 160, 163, 164, 168, 170
Strümpfelbach 147
Stuttgart 15, 30, 31, 35, 36, 46, 50, 100, 105, 130, 164, 165, 167, 168, 170
Südfrankreich 50
Südwürttemberg 87, 91, 92, 99
Trochtelfingen 145, 146
Tübingen 99
Ungarn 26
Unterdeufstetten 130
Unterfranken 41
Unterland 89
Vogelsberg 22
Vorarlberg 99
Vorderbüchelberg 42
Waldenburg 152
Waldrems 147, 148
Weinsberg (Lkr. Heilbronn) 19, 100, 167
Wien 25, 93

Wiesbaden 23, 25, 36, 46, 165, 166, 167, 168, 169
Wilna/Vilnius 104
Wilsbach/Obersulm 145
Württemberg 11, 18, 46, 87, 98, 164, 168, 170
Württemberg-Hohenlohe 152
Wüstenrot (Lkr. Heilbronn) 17
Zürich 93, 165, 169

10.3 Sachen, Themen

Abgrenzung 19, 37, 43, 47, 161
Abschottung 161
Alamannisch 37
Alemannische Jahrbuch 21
Althochdeutsch 134
Anonymität 49
Anstand 44, 131
Anwalt (Anawalt) 58, 88
Arabisch 139, 141, 162
Argot 21, 172
Assimilation 57
Bargunsch 27, 36
Barsel 73
Bartel 73, 74
Bernstein 35, 45
Berufsgruppen 43
Berufsstrukturen 43
Besen 45
Besenbinder 22
Bettler 18, 21, 35, 119, 168
Beziehungsgeflecht 52
Beziehungsnetz 50
Beziehungsstruktur 51, 160
Bilddokumente 164
Blaker 41
Bora 46, 69, 75, 109
Brennholz 45, 61, 97
Bürgerliches Gesetzbuch, BGB 11
Bürgermeister 50, 63, 107, 110, 145, 147, 149, 150, 151, 158
Bürsten 17, 130
Büschel 11, 83, 97
Bütte 58, 89
Chakam, Chacham, Chochem 24, 35
Christbäume 45
Cretin 110
Das Jiddische Alfabet / Der Jiddischer Alefbeys 101, 103
Deutsch 22, 27, 29, 30, 32, 33, 63, 68, 78, 89, 90, 93, 109, 113, 114, 117, 139, 141, 142, 150, 163, 164, 165, 166, 167, 169
Deutsches Wörterbuch DWB 11, 21
Dialekt 19, 20, 26, 29, 37, 47, 57, 58, 85, 86, 87, 98, 99, 100, 148, 161, 162
Dialektologie 18, 23, 36, 151, 166, 168
Dialektsprache 160
Dialektwörter 17, 20, 36, 37, 57, 58, 61, 62, 87, 88, 97, 98, 99, 100, 104, 161, 162
Dieb 25, 116
Direkte Methode 46, 147
Dreißigjähriger Krieg 36, 119, 153
Druckschrift 103, 104
Duden 35, 93, 104, 127, 129, 141
DWB 90, 91, 92, 159
Ehre 44
Einwohner 15, 43, 59, 119, 122
Ekel 70, 76, 112
Empirische Erhebung 46
Erhebungsformular 46, 48, 85, 160
Etymologie 17, 20, 28, 58, 87, 88, 97, 99, 100, 105, 110, 120, 125, 126, 127, 138, 139, 140, 142, 148, 161, 162, 165, 171

Etymologisch 21, 32, 58, 92, 98, 100, 104, 114, 122, 124, 134, 143, 159, 166, 167
Evangelisch 11, 152, 153, 154
Fabrik Spiegelberg 58
Fallstudie 15, 16, 17, 19, 20, 35, 39, 40, 46, 86, 87, 104, 145, 151, 170
Faszikel 11
Feldforschung 15, 18, 37, 46, 57
Feldstudie 35, 36, 168
Flachglas 42
Florin, Gulden 11
Fol. 88
Foliierung 12
Folio 11
Forschungsmethodik 18
Fränkisch 32, 37, 57, 88, 99
Französisch 22, 32, 87, 88, 94, 95, 99, 100, 111, 113, 129, 142, 143, 162
Gaschtbündel (Lump) 76
Gassensprache 105
Gauner 22, 24, 28, 44, 74, 93, 119, 130, 153, 154, 166
Gaunerausdruck 25
Gaunerei 43
Gaunersprache 18, 19, 21, 24, 25, 32, 74, 116, 118, 120, 122, 124, 125, 126, 127, 128, 131, 132, 133, 137, 138, 154
Gaunertum 21, 23, 166
Gaunerzinken 28, 30, 145, 170
Geheime Händlersprache 142
Geheimhaltung 23
Geheimsprache 18, 23, 29, 36, 45, 123, 125, 139, 142, 143, 154, 166
Gemeinderat 50, 52
Gemeinsprache 100
Geschichte 15, 16, 17, 18, 21, 35, 40, 41, 52, 92, 106, 155, 163, 166, 167, 168, 169, 170, 172

Gesetzeskunde 78
Gestik 28, 30, 33, 74, 75
Gewährsleute 19, 74, 85, 88, 146
Giessener Manisch 22, 171
Gipser 154
Glas- und Spiegelhütte 42
Glashütte 40, 42, 43, 58, 164
Glasmanufakturen 164
Glasmuster 164
Glaswaren 17, 35, 45
Gondele 59, 91, 98
Gossensprache 22
Grammatik 25, 33
Grombira 65, 91, 98
Grundgesetz, GG 11
Gruppe 23, 26, 28, 29, 36, 43, 74, 81, 104, 142, 161, 164
Handel 17
Handelsberufsstrukturen 20, 23, 43, 143
Handelsreisende 140
Händler 17, 22, 28, 35, 43, 45, 50, 52, 59, 69, 74, 75, 80, 81, 85, 92, 120, 121, 130, 133, 135, 143, 163
Händlergruppen 44
Händlersprache 106, 107, 108, 109, 110, 111, 112, 113, 114, 115, 116, 119, 120, 121, 122, 123, 127, 128, 129, 130, 133, 134, 136, 139
Händlerwesen 36
Handlungsreisende 101
Hauptstaatsarchiv Stuttgart, HStAS 11, 46, 164, 170
Haushaltswaren 17
Hausierer 18, 22, 35, 98, 119, 143, 168
Hausierersprache 75
Hausiererwaren 35
Hebräisch 20, 24, 26, 32, 43, 53, 57, 73, 77, 78, 85, 101, 103, 105, 106, 107, 108, 109, 110, 111,

Register

112, 113, 114, 115, 116, 117, 118, 119, 120, 121, 122, 123, 124, 125, 126, 127, 128, 129, 130, 131, 132, 133, 134, 135, 136, 137, 138, 139, 140, 141, 142, 146, 148, 161, 162, 167
Hebräische Buchstaben 104
Hebräische Zahlensysteme 76, 77, 85, 148
Hebräisch-jiddisch 74, 142, 143
Heilbronner-fränkisch 29
Heimatkundler/Historiker 50
Heringe 35
Herkunft 26, 37, 58, 87, 88, 90, 91, 92, 93, 94, 95, 96, 97, 98, 100, 105, 108, 109, 111, 117, 132, 135, 136, 140, 141, 143, 149, 160, 162, 169
Heu 45, 82, 83
Hochsprache 29
Hohenlohe-fränkisch 29
Hohenlohe-schwäbisch 162
Hohlglas 42
Holländisch 29
Holzgeschirr 45
Holzlöffel 45
Holzwaren 45
Hundsfresser 119
Identnummer 49
Indirekte Methode 46
Jahrhundert 11, 23, 26, 27, 42, 43, 44, 53, 142, 154
Jargon 26
Jenisch 20, 22, 23, 25, 27, 28, 29, 36, 43, 98, 105, 106, 107, 108, 109, 110, 111, 113, 114, 115, 116, 117, 118, 119, 121, 123, 124, 125, 126, 127, 128, 129, 130, 131, 132, 133, 134, 135, 136, 137, 138, 139, 140, 141, 142, 143, 147, 149, 150, 151, 152, 153, 154, 155, 160, 162, 163, 165, 169, 171

Jenischdiewereer 155, 156, 157, 163
Jenische Händlersprache 154
Jenische Sprache 22, 154, 158, 168
Jenischgruppe 154
Jenischsprechende 163
Jiddisch 20, 22, 27, 29, 30, 32, 35, 43, 46, 53, 73, 101, 104, 105, 106, 107, 108, 109, 110, 111, 112, 113, 114, 115, 116, 117, 118, 119, 120, 121, 122, 123, 124, 125, 126, 127, 128, 129, 130, 131, 133, 134, 135, 136, 137, 138, 139, 140, 141, 142, 160, 162
Juden 26, 52, 92, 116, 117, 121, 135, 136, 147
Judentum 26
Jüdisch-deutscher Dialekt 26
Jüdischer Arbeiterbund Deutschland 104
Kaloschen- oder Galoschensprache 25
Kassiber 101
Katholisch 11, 111, 115, 153, 154
Katzenfresser 98, 119
Kaufleute 35
Keltisch 37, 59, 61, 87, 92, 97, 99, 100, 162
Kirchenrat 40, 46
Klassendenken 44
Kleinhandel 142
Kluge Sprache 21, 24, 28, 35, 159
Kniffe 81, 164
Kochemer Loschen 21, 24, 25, 27, 28, 35, 36, 37, 74, 160, 163, 168
Kommunikation 26, 159
Korbwaren 17
Koscher 28, 75
Krämersprache 22
Kraut fressen 25
Kreis, Krs. 11, 26, 146, 147
Kulturgebiet 148
Kundensprache 21, 22, 172

Lachoudisch 46
LAD-BW Landesarchivdirektion Baden-Württemberg 11, 36, 130, 167
Landkreis, LKrs 12, 42
Landstreicher 22
Laschon 24, 35
Lateinisch 99, 100, 104, 111, 113, 142, 143, 162
Lebensqualität 44, 168
Lehnwörter 29, 142, 146
Lehrer 50, 65, 124, 130
Lexikon des Mittelalters, LdMA 11, 26
Liber Vagatorum 21, 26, 27, 166, 171
Lingelbacher Musikantensprache 22
Linguistik 18, 23, 26, 30, 31, 36, 151, 166, 168
Lobach 57
Lützenhardter Jenisch 29, 149, 165
Manipulationen 81, 83
Manisch 22, 27, 29, 36, 43, 105, 108, 109, 110, 113, 114, 115, 116, 118, 119, 120, 121, 122, 124, 126, 127, 128, 129, 131, 132, 133, 135, 136, 137, 138, 139, 142, 167
Manufakturen 164
Masematte 22, 65, 129, 139, 171
Mathematische Gewichtstabelle 79, 80
Mathematische Viehwaage 76, 78, 81
Maurer 154
Metzger 50, 53, 65, 70, 75, 113, 128, 132
Meyers 25, 27, 88, 89, 91, 94, 95, 97, 98, 159, 167
Mimik 28, 30, 33, 74, 75
Mittelhochdeutsch 116, 118
Moess 73
Moral 44

Morphologie 32
Most 73, 74, 150
Mundart 25, 29, 57, 89, 99, 124, 167
Mundartforschung 99, 165
Mündlich 28
Musiker 153
Muttersprache 26, 154
Naftali 94
Nebenordnung 36
Nerother Jenisch 149, 169
Neuhochdeutsch 93, 129, 138
Niederhochdeutsch 90, 112, 113, 133
Non-verbal 20, 33, 36, 159, 162
Non-verbale Sprachelemente 78
Non-verbaler Bereich 20
O. Fol., ohne Blattnummerierung 12
Obdachlose 158
Oberamt 11
Oberamtsbeschreibung OAB 11
Oberbegriff 25, 28, 36
Obst 45
Onomasiologische Methode 46
Pfannenflicker 153
Pfarrer 50, 65, 70, 115
Pfedelbacher Jenisch 25, 111, 142, 145, 149, 151, 158, 168, 169
Pferdehandel 146, 162
Pferdehändler 146, 161
Pferdemarkt 146
Pferdezucht 146
Phonologie 32
Planen 35, 45
Porzellan 164
Pottasche 42
Pragmatik 32
Praktiken 81, 83
Qu., Quadrangelnummer 12, 58, 92, 164
Quadrangulierung 12
Quellen 17, 18, 19, 27, 30, 32, 36, 49, 52, 54, 57, 58, 62, 63, 68,

72, 73, 74, 76, 87, 88, 104, 105, 140, 143, 149, 151, 161, 162, 164, 166, 168, 169
Randgruppe 22, 23, 106, 165, 167
Räuberbande 45
Rechen 45
Redensarten 37
Redewendungen 36, 47, 57, 73, 74, 85, 86, 147, 148, 162
Reibach 57, 64, 69, 112
Reisegewerbe 43
Reisig 45, 97
Religion 158
Rentkammer 164
Rieser Kulturtage 119, 122, 168
Romanes 22, 27, 29
Rot 21, 61, 96
röt 21
Rotwalsch 21
Rotwelsch 15, 17, 19, 20, 21, 22, 23, 25, 27, 28, 30, 32, 33, 35, 36, 37, 43, 54, 55, 57, 63, 67, 72, 73, 74, 75, 81, 85, 86, 90, 98, 100, 104, 105, 107, 109, 111, 113, 114, 117, 120, 126, 138, 145, 147, 148, 149, 160, 161, 162, 166, 169, 170, 171
Rotwelschdialekt 18, 20, 22, 23, 24, 27, 28, 29, 36, 45, 167, 168
Rotwelschelemente 17
Rotwelschsprachelemente 36
Rotwelschsprecher 45
Rotwelschstudie 145
Rotwelschwörter 20, 45, 58, 62, 63, 67, 68, 71, 72, 73, 85, 98, 100, 101, 105, 140, 141, 142, 148, 161, 162
Salz 35, 45, 82
Sand 45
Schacher 92
Schausteller 23, 43, 44, 45, 50, 52, 61, 107, 109, 110, 113, 114, 118, 119, 121, 123, 124, 125, 126, 128, 131, 132, 133, 135, 136, 137, 138, 139, 140, 141, 143, 165
Scherenschleifer 153
Schindeln 45
Schlausmen 27, 36, 106, 107, 108, 109, 110, 111, 112, 113, 114, 115, 116, 117, 118, 119, 120, 121, 122, 123, 124, 125, 126, 127, 128, 129, 130, 131, 132, 133, 134, 135, 136, 137, 138, 139, 140, 142, 143
Schloßberger Jenisch 59, 109, 149
Schmuser 71, 80, 137
Schnürsenkel 35, 45
Scholaren 158, 172
Schriftlich 28, 46, 49, 81, 100, 101, 149, 151, 168, 169
Schubkarren 45
Schuck 65, 76, 77, 130, 137
Schurersprache 25
Schwäbisch 12, 29, 32, 37, 57, 89, 90, 91, 95, 97, 98, 99, 134, 140, 146
Schwäbische Händlersprache 106, 109, 111, 114, 115, 116, 127, 128
Schwäbisches Handwörterbuch 11, 168
Schwäbisches Wörterbuch 11, 168
Schwindler 25
Semantik 33
Semasiologische Elemente 46
Semasiologische Methode 62, 147
Sensen 35, 45
Sensenhändler 23, 32, 36, 106, 140, 166
Sinti und Roma 141, 143
Sippenverband 147
Sitte 44, 131
Slang 22
Slawisch 142
Soldaten 153

Sondersprache 15, 17, 18, 19, 22, 23, 26, 29, 35, 36, 37, 43, 45, 46, 47, 52, 81, 100, 145, 146, 147, 149, 151, 161, 163, 165, 166, 168, 170
Sondersprachelemente 145
Sondersprachenforschung 23, 46, 166, 167, 168
Sonderwortschatz 22
Soziale Handeln 20, 53, 73, 159
Soziale Strukturen 159
Spendersprache 27, 29
Spenderwörter 73
Spezielle Händlersprache 46, 57, 74
Spiegel 22, 40, 41, 42, 45, 170
Spiegelfabrik 61
Spiegelglashütte 17, 35, 40, 86
Spiegelkabinett 41
Sprachbesitz 159
Sprache 21, 22, 24, 25, 26, 28, 32, 36, 37, 74, 86, 92, 100, 136, 146, 152, 154, 158, 159, 165, 168
Sprache der Klugen 24, 159, 163
Sprachelemente 19, 22, 25, 26, 28, 30, 32, 35, 36, 37, 43, 52, 53, 57, 85, 86, 141, 143, 147, 148, 160, 161, 162
Sprachforschung 29
Sprachgebiet 148
Sprachgut 23, 27, 112, 154
Sprachmaterial 27
Sprachvarietät 29
Sprachwissenschaft 21, 29, 30
Sprechergruppe 45
Stammholz 45
Standardsprache 29, 146
Steinhauer 154
Stubensand 35, 45
Studie 16, 21, 29, 30, 59, 85, 86, 109, 145, 147, 149, 165, 166
Suggerierende Methode 46
Suß 66, 70, 75, 76, 138, 170

SWB 11, 88, 89, 90, 91, 92, 93, 94, 95, 96, 97, 98, 106, 107, 108, 109, 110, 111, 112, 113, 114, 115, 116, 117, 118, 119, 120, 121, 122, 123, 124, 125, 126, 127, 128, 129, 130, 131, 132, 133, 134, 135, 136, 137, 138, 139, 140, 168
Syntax 32
Tagwerk 12, 60, 94
Täuschung 23, 81, 82
Tödden 27, 172
Überbegriff 36
Umbgeld (Umgeld) 61
Umgangssprache 22, 26, 29
Unterbegriff 28, 36
Unterschicht 22, 23, 142
Vagabunden 153
Verbal 20, 25, 28, 74, 83, 101, 159
Verbände 50, 54
Veredelung 83
Verkaufsgespräch 75
Verkaufsvorbereitungen 28
Vieh 17, 45, 59, 60, 71, 80, 89, 95, 137, 146, 164
Viehbranche 147
Viehhalter 76, 78, 79, 81, 164
Viehhandel 17, 20, 30, 36, 53, 57, 75, 78, 86, 146, 162
Viehhändler 18, 22, 35, 50, 52, 53, 59, 68, 69, 74, 77, 92, 108, 120, 122, 123, 125, 139, 146, 147, 161, 162, 168
Viehhändlerkniffe 80, 162
Viehhändlersprache 76, 148
Viehhändlersprüche 75
Viehwaage 78, 79, 122, 164, 172
Vinum annotinum 90
Vorfahren 53, 86, 132, 140
Waldbeeren 45
Walsch 21
Wanderhandel 15, 17, 18, 22, 35, 52, 145, 146, 151, 160, 163,

168, 170
Wanderhändler 45
Wasser 58
Wetzsteine 45
Wirt 36, 52, 53, 71, 124, 137
Wortbildung 30
Wortherkunft 22
Wortschatz 18, 25, 27, 59, 109, 143, 149, 165, 166
Wucher 92
Württembergisch 11
Württembergische Landes-Bibliothek, WLB 11, 18
YIVO 162

YIVO-Institute 24
YIVO-Norm 104
Zeichengebrauch 159
Zeichensprache 30
Zeichensystem 159
Zeitzeugen 18, 19, 105, 135, 140, 160
Zigeuner 23, 93, 105, 106
Zigeunerisch 25, 116, 118, 121, 134, 138, 140, 141, 143, 162
Zigeunersprache 43, 110, 132
Zimmerleute 154
Zugehörigkeit 23